짬누나
군입대 컨설팅

미리 준비하면 적성 맞춰 선택할 수 있다

짬누나 군입대 컨설팅

권지영 지음

(전 56사단 작전처 작전담당관, 2사단 힐리언스 마을 교육대장)

굿인포메이션

목차

1. 군입대 컨설팅을 하게 된 동기 ——————— **7**

2. 군입대 컨설팅이 필요한 이유 ——————— **15**

3. 군복무 관련 사례 ——————————————— **25**

    3-1. 군복무 부적응 사례 ———————— **26**

    3-2. 군복무 성공 사례 —————————— **43**

    3-3. 넷플릭스 <D.P.> 일병 조석봉 사례 ——— **55**

4. 군입대 컨설팅 사례 ───────── 63

4-1. 군입대 컨설팅 사례 ───────── 63

4-2. 군입대 관련 질문 ───────── 77

4-3. 상담을 받고 싶어요 ───────── 96

5. 군입대 컨설팅은 누구에게 필요한가요? ───────── 101

6. 각 군 모집병(특기병) 유형 ───────── 107

6-1. 육군 ───────── 108

6-2. 해군 ───────── 153

6-3. 해병 ───────── 166

6-4. 공군 ───────── 179

7. 맺음말 ───────── 199

★ ★ ★ ★ ★
①
군입대
컨설팅을 하게 된 동기

저는 육군에서 24년을 복무하고 2020년 6월 31일부로 전역을 했습니다. 대학을 다닐 때 전자계산기학을 전공했기 때문에 군대에서도 전공을 살려 컴퓨터와 관련된 보직을 받고 일을 하고 싶었습니다. 하지만 그것은 군대에서는 꿈만 같은 일이었습니다. 결국 여군 동기들보다 키가 크다는 이유로 국방부 의장대에 배치를 받았고 이렇게 저의 희망과는 다른 보직으로 군대 생활을 시작하게 되었습니다.

국방부 의장대에서 3년 동안 근무하면서 사람이 적성에 맞지 않는 일을 한다는 것이 얼마나 힘든 것인지를 알게 되었습니다. 의장대원으로서 외국 국빈 행사 등 다양한 행사에 참여하여 군복을 입고 대중들 앞에 나가서 항상 당당하고 활기찬 얼굴로 제식훈련 시범과 동작 시범을 절도와 패기 있게 보여 줘야 했는데 그럴 때마다 실수로 동작이 틀리면 어떻게 해야 하나 하는 걱정과 집중되는 사람들의 시선이 항상 제 마음을 불편하게 만들었습니다.

그 후 국방부에서 보직을 바꿔 행정업무를 담당하면서 조금 깨달았습니다. 군대에서도 적성에 맞는 일을 하면 훨씬 신 나고 재미있게 생활할 수 있지 않을까 하는 생각을 하게 되었습니다. 컴퓨터를 이용해 문서도 만들고 다양한 사람들과 대화를 하게 되면서 군대 생활이 다시 흥미로워졌고 활기를 되찾을 수 있었기 때문입니다.

그렇게 16년 6개월을 국방부에서 복무를 하고 강원도 양구에 있는 2사단에서 6년 동안 복무를 하면서 또 다시 군입대 보직에 대한 생각을 하게 된 계기는 군복무에 부적응하는 병사들을 만나면서부터였습니다.

강원도 양구에서 도움배려용사(보호관심병사)를 5년 동안 관리하는 교육대장 임무를 수행하면서 특이한 점을 발견했습니다. 제가 운영하던 힐리언스 마을 캠프에는 가정환경이 좋고 유학까지 갔다 온 학력이 높은 병사도 있었고 이와는 반대로 가정환경이 불우하고 어렵게 생활하다가 군에 입대한 병사도 있었는데 이들 모두가 군대에 들어와서 각자의 부적응 문제로 인해 도움배려용사로 관리되고 있다는 점이었습니다. 분명 두 집단은 완전 정반대의 가정환경과 조건 속에서 생활했었지만 결국 똑같이 군대 생활에 적응하지 못하고 있었습니다.

특히, 사회에서 똑똑하다는 말을 들었던 병사들의 문제는 도대체 무엇일까?라는 의문을 가지고 살펴보니 밖에서 배웠던 전공과 전혀 다른 일반 보직을 받았을 때 훨씬 자존감도 낮고 자신감도 많이 떨어진다는 것을 알 수 있었습니다. 반대로 적응을 잘하는 병사들의 요인을 찾아보니 군입대를 할 때 본인 스스로가 자신의 적성에 맞는 보직을 얻기 위해 특기병으로 지원해 입대한 경우가 많았으며 이런 경우 군대 적응을 훨씬 잘하는 모습을 보였습니다.

이러한 분석 내용은 5년 동안 도움배려용사를 관리하는 교육대장 임무를 수행하면서 보호관심병사를 대상으로 실시한 다양한 상담과 관찰 과정을 통해 발견된 문제점 해소 방법으로 자주 활용되었고, 보호관심병사의 특기와 취미를 고려해 보직을 다시 판단하고 최적의 보직을 부여했을 때 중간에 포기하고 힘들어했던 병사들이 군대 생활에 다시 적응하고 아무런 문제없이 전역까지 하는 모습을 보면서 보직의 중요성에 대한 확신을 가지게 되었습니다.

군입대 전에 육군·해군·해병대·공군에 대한 정보를 찾아보고 어느 곳에 입대할 것인지 결정을 한 다음 자신의 특기, 취미, 전공 등에 맞는 보직을 찾아야 합니다. 모집병은 한 번에 합격을 하는 분들도 있지만 미리 준비를 하지 않으면 7번을 넣어도 불합격을 합니다. 그만큼 준비를 하고 자격을 갖춘 분들은 자신이 원하는 특기를 가지고 군복무를 하기 때문에 마냥 힘들고 짜증나는 곳은 아닐 겁니다. 군복무 중에는 선·후임과의 문제, 성 관련 문제, 군복무 부적응 등 다양한 일들이 생길 수 있습니다. 이럴 때에는 꼭! 도움을 받아야 합니다. 힘들고 괴로운데 참다 보면 평생 후회할 일이 생길 수도 있습니다. 사건은 한순간에 벌어지지 않습니다. 일상생활의 작은 불씨들이 모여서 기폭제의 역할을 합니다. 나의 일상생활이 불안하고 불편하다면 꼭 상담을 받으세요. 또한, 군입대 전 자신의 꿈과 관련된 특기병이 무엇이 있는지 궁금하다면 꼭 질문해 주세요. 네이버 짬누나(https://blog.naver.com/marchkr2), 유튜브 짬누나(https://www.youtube.com/c/짬누나)를 보시면 약간의 실마리라도 찾을 수 있을 거예요.

군대는 짧다면 짧고 길다면 깁니다. 하루하루 고통스러운 삶을 살기보다 현명한 방법으로 대처를 하는 것이 필요하지 않을까요? 군대를 전역한 병사들은 '군복무를 한 부대 방향으로는 오줌을 누는 것도 싫다'라고 말합니다. 그만큼 힘들었다는 이야기일 겁니다. 그런데 똑같은 군대 생활을 하면서 어떤 병사는 군대에서 꿈을 향해 자격증, 대학수능시험, 영어 공부 등을 하지만 어떤 병사는 매일 절망을 쌓으면서 어떻게 하면 이곳을 벗어날 수 있을까 고민을 합니다. 왜 이런 일이 생길까요?

첫 번째는 군대에 강제로 끌려와서 희생을 한다는 생각이 들어서가 아닐까요?

두 번째는 군대에 있다는 것이 재미도 없고 항상 칭찬보다 질책만 받는다는 생각 때문이 아닐까요?

세 번째는 군대 임무나 업무수행 내용이 전역해서 다시 사회로 나갔을 때 본인과 전혀 상관이 없는 일이라는 생각 때문은 아닐까요?

여러분! 여러분은 어떠세요? 초등학교 때부터 배운 내용을 군대에 가서 경험을 쌓는 장소로 만들고 기업에 취업할 때에는 이력서에 기재할 수 있는 경력으로 활용할 수 있는 보직이 있다면 한번 찾아보고 싶지 않으신가요? 내가 잘하는 일을 군대에서도 할 수 있다면 군대 생활이 마냥 시간 낭비라는 생각이 들까요? 아마 아닐 겁니다.

　제가 군입대 컨설팅이 필요하다는 생각이 든 계기가 또 있습니다. 제 아들이 병무청에서 병역판정검사를 받고 군입대를 준비해야 했습니다. 그런데 아들과 함께 병무청에 전화도 하고 병역진로설계를 받으면서 뭔가 부족함과 불편함을 많이 느꼈습니다. 문의 사항이 있어 전화를 하면 담당 직원이 아니라는 이유로 보통 3~4번은 전화를 돌리는 경우가 허다하고, 병역진로설계를 받는 경우에도 상담사의 군에 대한 전문성이 의심스러울 정도로 전혀 맞지 않는 보직에 대한 설명을 하거나 심지어 잘못된 정보를 알려주는 경우도 있어 참 답답한

마음이 들었습니다. 과연 군 생활을 하고 전역한 저만 느끼는 전화통화와 상담이었을까요? 아마 일반 부모님들은 제가 느끼는 몇 배로 답답함과 어려움을 느꼈을 것 같습니다.

대학교 입학을 위해 많은 자료를 찾아보고 컨설팅을 받으면서 신중하게 학과를 선택하듯이 군입대 시에도 자신에게 도움이 될 수 있는 보직을 받기 위한 다양한 사전 정보 수집 및 상담이 꼭 필요한 것 같습니다. 제가 24년 동안 군대에 있으면서 절실히 느꼈던 부분이고 군입대 처음부터 적성에 맞는 보직을 찾아서 군에 들어가게 되면 군대 생활의 3분에 2는 이미 적응한 것이나 다름이 없습니다.

그래서 군입대 컨설팅을 만들었습니다. 군입대 컨설팅은 '군입대를 하기 위해 무엇을 준비해야 할지 모르는 분', '군대는 가야 되는데 어떤 특기병을 선택해야 할지 막막한 분', '군대는 가야 되는데 모집병으로 지원만 하면 떨어지는 분', '군

※ 도움배려용사(보호관심병사) :
군 생활 적응이 힘들거나 심리적으로 문제가 있어 특별 관리하는 병사를 말합니다. 2015년 2월 16일부터 장병 병영생활 도움제도로 명칭이 바뀌어 도움병사, 배려병사로 변경되었습니다. 주로 입대 전 병무청 신체검사에서 인성검사나 입대 초기 가입소 기간에 행해지는 인성검사, 군 생활 중 지휘관 면담 등을 통해서 선별됩니다. 관심병은 지휘관 면담과 그린캠프에 지속적으로 참여하게 됩니다.

입대로 인생의 터닝포인트를 만들고 싶은 분', '군대 생활이 지옥처럼 느껴지는 분' 등 군입대와 군대 생활에 어려움을 겪고 있는 분들에게 도움을 드리고 사회에서의 학력과 경력이 군대 보직과 연계되고 군대에서의 보직 경력이 다시 사회 경력으로 순환될 수 있도록 최선의 도움을 드리겠습니다.

$$\star \; \star \; \star \; \star \; \star$$

②
군입대 컨설팅이
필요한 이유

여러분! 군대만 잘 다녀와도 인생이 달라질 수 있습니다. 어떻게 달라질 수 있냐고요?

군대 하면 총을 쏘면서 뛰어다니는 곳으로 생각이 되시나요? 군대는 그런 곳이 아닙니다. 군대는 대한민국에서 가장 큰 기업입니다. 생각해 보세요. 우리나라 지역마다 군부대가 없는 곳이 있나요? 제주도부터 강원도까지 군부대는 어디에나 있습니다. 사람이 있는 곳에는 기본적으로 해결해야 하는 기본 요건들이 있습니다. 군대에는 의식주뿐만 아니라 대한민국 국력을 지키기 위해 자동차, 탱크, 비행기, 배, 잠수함 등 다양한 종류의 무기와 신기술을 접목한 시스템이 다 있습니다.

그런데 여러분들은 군인 하면 항상 강인한 체력에 무술도 잘하고 싸움도 잘하는 사람이 있는 곳으로 생각을 합니다. 그렇게 체력이 좋은 사람들도 있지만 그렇다고 모든 사람들이 강인한 체력을 가지고 있는 것은 아닙니다.

군대는 운전병, 네트워크운용/정비병, 군종병, 인공지능연구병, 가상시뮬레이션연구병, (맞춤)항공기기체정비병, 영상제작병, 군악병, 카투사 등 다양한 특기들이 있습니다. 이런 특기병 병과들은 훈련 및 전쟁이 일어났을 때 어떤 일을 할까요? 한 번 생각해 보신 적이 있으신가요? 군입대를 할 때 선택한 특기는 전역을 할 때까지 반복 숙달해서 훈련을 시킵니다. 이유가 뭘까요? 군대는 전쟁이 일어나면 무조건 승리를 해야 하는 집단입니다. 그래서 자신의 임무를 숙지하고 또 반복 숙달해서 전문가가 되도록 교육을 시킵니다.

그런데 여러분들은 군대 하면 TV 프로그램에서 보여주는 군인들만 생각을 하시는 분들이 많으신데요, 군대는 처음 훈련소 때 생존에 필요한 교육을 몇 주 배우고 자대에 가면 자신의 임무에 맞는 특기를 배웁니다.

아직도 잘 이해가 안 되신다고요? 제가 몇 가지 예를 들어보겠습니다.

1. 운전병의 임무는 차량(대형, 중형, 소형)을 운전하여 인원과 화물을 수송하는 업무를 수행합니다. 그리고 운전하는 차량에 대한 사용자 정비를 합니다. 운전병의 지원자격은 1종 대형, 1종 특수, 1종 보통, 2종 보통을 취득한 사람입니다. 그런데 운전병이 TV 프로그램에 나오는 군인들처럼 아침부터 저녁까지 산속에서 총 들고 훈련을 한다고 생각해 보세요. 그럼 운전을 할 때 졸 수도 있고 길을 몰라서 헤매다가 사고를 낼 수도 있습니다. 그래서 운전병으로 선발이 되면 훈련소 교육이 끝나도 별도로 특기병 교육을 받습니다. 자대에 가서도 운전을 잘할 때까지 또 교육을 받습니다. 그만큼 반복 숙달을 통해 본인의 임무를 정확하게 할 수 있도록 교육하는 곳이 군대입니다. 이렇게 군대 생활을 하다 보면 다양한 운전면허증도 취득하고 차량정비에 대해서도 배우게 됩니다. 군대에서 운전 및 차량정비를 경험으로 쌓고 전역하면 사회에서는 무엇을 할 수 있을까요? 개인차량 정비, 대기업 차량 운전, 자동차와 관련된 회사 등에 취업하기 유리합니다.

2. 네트워크운용/정비병 임무는 LAN/WAN 등 정보통신망의 케이블 및 데이터 통신장비를 설치, 관리 운용, 네트워크장비의 운용상태 진단, 고장 수리, 정기/수시로 네트워크 및

장비를 순찰, 응급처치 및 예방정비를 실시하고 가동상태를 유지합니다. 그리고 정비에 소요되는 부속품을 청구 및 관리, 관련 서류 작성 유지합니다. 평상시 임무가 네트워크운용/정비이기 때문에 훈련을 나가도 이와 비슷한 임무를 수행합니다. 군입대 전에 혹시라도 네트워크 운용/정비병 임무를 군대에서 수행하고 싶다면 여러분 어떻게 하면 될까요? 자격/면허를 소지하거나 미소지한 경우에는 해당 전공학과 전문계 고교 3년 이상 수료 또는 대학 1년 재학 이상이면 지원을 할 수 있습니다. 요즘 IT 계열은 인턴을 하는 것도 어렵습니다. 그런데 군대에 입대할 때 네트워크운용/정비병으로 입대하면 주변 선임들도 컴퓨터 관련된 전공을 했거나 일을 하다가 온 사람들이 많아서 학교에서 글로만 배웠던 것을 군대에서는 자연스럽게 체험하며 배우게 됩니다.

네트워크 운용/정비병으로 전역을 하면 어떤 일을 할 수 있을까요? 예를 들어 대기업에서 인턴을 선발한다면 대학을 다니면서 자격증만 취득한 사람과 자격증도 있고 군대에서 2년 동안 실무업무를 하고 전역한 사람이 있다면 누구를 선택할까요? 당연히 자격증도 있고 실무경험도 있는 사람이 선발이 되겠죠. 군대는 사회에서 쌓을 수 없는 스펙을 쌓을 수 있는 곳입니다.

3. 군종병은 기독교군종병, 천주교군종병, 불교군종병으로 성직업무보좌와 군종업무수행, 종교시설관리 임무를 수행합니다. 자격요건으로 기독교군종병은 관련 종교 전공학교(기독교학과, 신학과 또는 신학전공) 2년 재학 이상 또는 세례 받은 지 10년 이상자, 천주교군종병은 신학생 또는 영세 받은 지 5년 이상자로 본당신부 추천서 제출자, 신학생 전국 가톨릭신학대학 및 대학원 신학과 재학 및 졸업생입니다. 불교군종병은 불교 관련 전공학과(불교학과) 1년 이상 수료자, 수계 받은 지 5년 이상자, 신앙생활 5년 이상자입니다. 군입대를 준비하면서 이런 자격요건이 되시는 분들은 일반병사로 가는 것보다 본인의 신앙을 살려서 신앙생활도 하고 군종업무수행도 배울 수 있는 좋은 기회입니다. 군종업무는 종교 관련 일도 하지만 부대에서 훈련을 하게 되면 성직자분들과 함께 위문 활동과 부대 봉사활동도 하고 있습니다.

4. 인공지능연구병은 지원자격 18~28세 이하, 현역병 입영 대상인 사람으로 석사 재학(휴학) 과정 이상인 사람입니다. 전공학과는 인공지능(전기/전자공학과, 컴퓨터공학과 프로그래밍, 기계공학과, 로봇공학과, 기타 인공지능 관련학과), 빅데이터(빅데이터/응용통계학과, 기타 빅데이터 관련학과), 체계(사업)통합(산업공학과, 정보처

리학과, 정보시스템, 사업관리학과), IoT관련(사물인터넷학과, 네트워크 관련학과), Cloud관련(C4I관련학과), 명칭이 달라도 인공지능, 데이터, 통계, 전산, 보안 관련학과 석사과정 이상 가능합니다.

선발기준은 서류전형(50점) + 면접평가(50점)를 합산하여 고득점 순으로 선발하고 동점시에는 면접평가 - 전공학과(40점) - 영어능력 -고교출석률(10점)이 높은 순으로 선발됩니다. 군대에서 인공지능연구병으로 18개월 동안 국방의 의무도 하면서 다양한 경험을 얻을 수 있습니다. 인공지능 관련 직업으로는 머신 러닝 엔지니어, 데이터 과학자, 비즈니스 인텔리전스 개발자, 연구 과학자, 빅데이터 엔지니어 등이 있습니다.

5. 가상시뮬레이션연구병은 지원자격 18~28세 이하, 현역병 입영 대상인 사람으로 석사 재학(휴학) 과정 이상인 사람입니다. 전공학과는 컴퓨터공학과(프로그래밍), 산업공학과, 시뮬레이션학과, 정보처리학과, 빅데이터/응용통계학과, IT융합공학, 사물 인터넷학과, 네트워크 관련 학과, 교육공학, Modeling & Simulation 관련 학과, Virtual Reality/Augmented Reality 관련 학과, 가상현실, 디지털 트윈 등 관련 학과로 석사과정 이상 가능합니다.

선발기준은 서류전형(50점) + 면접평가(50점)를 합산하여 고득점 순으로 선발하고 동점시에는 면접평가 - 전공학과(40점) - 고교출석률(10점)이 높은 순으로 선발됩니다.

가상시뮬레이션연구병은 모집인원이 작아서 사전에 준비를 하지 않으면 선발되기가 어렵습니다.

군대 전역 후 가상시뮬레이션 관련 직업으로 가상현실 전문가, 증강현실 전문가, 증강현실 엔지니어, 게임테크니컬 아티스트, VR/AR 감독(연출자, PD), VR/AR 콘텐츠 스토리텔러, 응용소프트웨어개발자, 멀티미디어 디자이너, 비주얼 아티스트, 홀로그램 전문가, 컴퓨터비전 매니저 등 다양한 곳에 지원을 할 수 있습니다.

6. (맞춤)항공기기체정비 임무는 항공기 운영에 가장 핵심이 되는 특기로서 항공기 비행 전·후 점검, 각종 지상취급 및 연료보급, 오일보급 등을 담당하며 항공기의 안전 운영을 위한 각종 기능 점검의 임무를 수행합니다. 지원자격은 지원서 접수년도 기준 18세 이상 24세 이하, 고졸 이하자 또는 이와 동등한 학력소지자(대학 중퇴자 포함), 신체등위 1~3급의 현역 입영 대상자, 색각 검사결과 이상이 없는 자, 징역 또는 금고의 형(집행유예 포함)을 선고받은 사람, 재판 중이거나 수사가 종결되지 아니한 사람입니다. 각종 기계조작 및 공구 사용 경

험이 있는 사람 우선 특기를 부여됩니다. 입대 전에 공군에서 군복무를 하고 싶은 분들은 사전에 준비만 하면 갈 수 있는 보직입니다. 전역 후에는 항공기 기체 정비 관련 직업을 선택할 수 있고 취업은 대한항공 같은 민간 항공의 항공기 정비사, 공군의 항공기 정비사 등으로 갈 수 있습니다.

군입대를 앞두고 신체적인 문제로 일반보병으로 근무하는 것이 어려운 분들은 사전에 자신의 적성과 특기에 맞게 찾아가는 것을 추천 드립니다. 처음 입대할 때부터 자신의 전문특기를 찾아서 가면 군대에서 경력도 쌓고 사회에서 취업을 하는데도 훨씬 유리할 수 있습니다. 위의 1, 2, 3, 4, 5 사례는 육군 모집병, 6의 사례는 공군 모집병의 일부 자격요건 중심으로 설명한 것입니다. 이외에도 각 군 모집병에는 다양한 보직이 아주 많습니다. 육군의 경우 육군기술행정병(186개), 취업맞춤특기병(124개), 임기제부사관(28개), 전문특기병(36개), 군사과학기술병(23개), 어학병(8개), 카투사, 동반입대병, 직계가족복무부대병, 연고지복무병이 있습니다. 해군은 모집계열(38개), 동반입대병, 임기제부사관, 취업맞춤특기병(11개)이 있습니다. 해병은 기술병(45개), 임기제부사관, 취업맞춤특기병(23개), 동반입대병, 직계가족복무부대병, 일반병이 있습니다.

공군은 기술병(48개), 전문특기병(20개), 임기제부사관, 취업맞춤특기병(20개), 일반병이 있습니다.

각 군별로 이렇게 많은 모집병들이 준비되어 있지만 여러분 잘 모르셨지요? 알고 계셨다 해도 본인과 상관없거나, 합격할 수 없다고 지레 겁먹고 군복무를 운에 맡겨두고 계시진 않으신가요? 물론 모집병에 지원한다고 해도 모두가 합격하는 것은 아닙니다. 사전에 일정 점수를 갖춰야 하고 점수 조건에 맞다 해도, 특정 보직의 경우 추첨 등을 통해 배수 안에 들어야 하며, 심지어 필기시험과 체력검사 면접까지 통과해야 합격하는 바늘구멍 같은 보직도 있습니다. 하지만 특기병이나 모집병에 가기 위해 노력하다가 안 된다고 해도 실망하지 마세요. 각 군 훈련소에 입소해서 추가 모집의 기회가 또 있을 수 있습니다. 신병교육 성적이 좋거나 관련 자격증이 있는 경우 특정 병과는 추가 모집을 할 수도 있습니다.

이제 군입대도 디자인이 필요합니다. 여러분! 조금만 사전에 준비하고 노력해서 자격을 갖추면 얼마든지 군대에서 미래의 꿈을 키울 수 있습니다. 파이팅!

③
군복무
관련 사례

여러분들의 자녀들은 남북이 분단된 대한민국의 국민으로서 총과 칼을 들고 군복무를 해야 합니다. 현역으로 복무하면서 힘들고 외로운 생활을 짧게는 18개월 길게는 21개월까지 해야 한다는 것을 잊지 마시길 바랍니다. 해당 군복무 기간 동안 본인이 군에 잘 적응할 수 있고 사회경력 단절 없이 자신의 능력을 최대한 발휘해 가며 군복무를 할 수 있다면 국가나 본인 당사자를 위해 더할 나위 없이 바람직한 일이 아닐까요?

아직까지도 '군입대 컨설팅이 뭐가 그렇게 중요해'라는 생각이 드시나요? 군입대 컨설팅이 왜 필요한지 아직도 공감이 안 되신다고요. 그래서 제가 24년 군복무를 하면서 만났던 군복무 부적응 전우들의 사례를 나열해 보았습니다.

1. 군복무 부적응 사례

가. A군 대학원 박사과정 32세

"내가 시간을 낭비하면서 나보다 못한 동생들한테 무시를 당하면서 군복무를 해야 하는지 모르겠고 죽고 싶을 정도로 군

인이 싫고 힘듭니다."

A군은 초등학교 때부터 외국에서 학교를 다녔고 사회에서 멋진 여성과 결혼도 했습니다. 외국에서 공부도 잘해 유명한 대학교에서 의료 관련 박사과정을 하던 중 군복무를 더 이상 미룰 수 없어 학교 측에 조건부 휴학을 하고 입대를 했지만, 육군 일반병으로 입대해서 포병부대 포수로 배치를 받았고 어린 선임들에게 인격적인 모욕과 무시를 당하면서 "내가 죽어야 끝날 것 같다. 죽지 못해 살고 있다"라는 말을 자주 했고 군대 생활을 하면서 핍박을 받는다고 생각하며 억울함과 자신의 처지를 한탄하며 생활을 했습니다.

이럴 때 어떻게 해야 할까요?

'군대가 다 그렇지' 하면서 참아야 할까요? 여러분 참지 마세요. 그러면 병이 생깁니다. 첫 번째는 마음의 병이 생기고 두 번째는 신체적인 문제가 생깁니다. 그렇다면 어떻게 해야 할까요? 우선 군대 임무 수행에 있어 부족한 부분이 있다면 노력해서 숙달시켜야 합니다. 그리고 임무 외에 인신공격을 당하는 부분이 있다면 반드시 조치를 받아야 합니다. 혼자의 힘으로는 선·후임들의 병영 부조리를 해결할 수 없습니다. 제일 먼저 해야 할 것은 기록입니다. 그 상황에 있었던 일들을 날짜별로 자세하게 기록하세요. 그리고 주위에 가장 믿을 만한 사람(간부, 선임, 후임, 병영생활상담관)에게 말을 합니다. 그럼 주위에서 바로 조치가 들어갈 수도 있지만, 상황에 따라서는 잠깐 지켜보는 기간이 필요할 수도 있습니다. 그리고 결단을 내려야 합니다. 이 상황을 대화로 해결할 수 있게 누군가 조절을 해줄 수 있다면 그 사람에게 기회를 주든지 아니면 법적으로 처벌을 받게 하는 겁니다. 이런 행동을 하고 나면 고문관이라는 말을 들을 수도 있습니다. 하지만 더 이상 쉽게 생각하면서 괴롭히지는 않습니다. 여러분이 어떤 선택을 하든지 힘들 수밖에 없습니다. 이럴 땐 한 달간 사람들한테 욕을 먹더라도 내가 미래에 후회를 조금이라도 덜 하는 쪽으로 선택을 하시면 됩니다.

나. B군 외국대학 재학 21세

B군은 어릴 때부터 외국에서 생활하고 공부를 하다 보니 군대의 문화에 적응을 잘 못했습니다. 간부들에서 자주 면담을 요청하고 사람들과 같이 있는 것이 답답하고 불편하다며 혼자 공부를 하거나 생각할 시간이 필요하다는 이야기를 자주 했습니다. 그리고 군대는 나를 괴롭히는 곳이고 선임병을 보면 가슴이 뛰며 호흡이 빨라지고 생활관은 감옥과 같은 곳으로 심각하게 자살을 생각한다는 말을 자주 했는데요.

이럴 때에는 어떻게 해야 할까요?

B군의 보직은 육군의 일반보병으로 소대, 중대 단위로 이동하는 훈련을 했습니다. 그러다 보니 선·후임들과 함께 훈련을 해야 하는 상황이 많았는데요, 이런 상황이 되면 간부들과 주변의 선·후임들도 어려움이 많습니다. 임무를 함께 하려면 서로 대화를 해야 하는데 선임병을 보면 가슴이 뛰고 호흡이 빨라진다고 하니 누가 다가갈 수 있었을까요? 하지만 방법은 있

습니다. 주위 선임병 중에 가장 친절하고 상냥한 인원이 함께 하면서 도움을 주면 됩니다. 그리고 주위 병사들한테 그 상황을 이해시킬 필요가 있습니다. 이때 주의할 점은 누군가를 특별히 대우해 준다는 느낌을 주게 되면 함께 있는 선·후임들이 오히려 마음의 문을 닫을 수가 있습니다. 무엇보다 B군이 군대 생활의 권리를 주장하기 위해서는 군대에서 꼭! 지켜야 하는 임무는 스스로 하면서 요청을 해야 한다는 것입니다.

다. C군 대학교 재학 21세

조리 고등학교를 졸업하고 양식, 한식, 일식, 중식, 편집활용 기능사 자격증에 조리 관련 대학을 다녔지만, 육군 일반병으로 보직을 받아 부대에서 생활을 하다가 선임들과 임무와 관련된 문제가 발생하면서 적응을 잘 하지 못했습니다. 사회에서는 그래도 요리로 인정을 받고 성실하게 일을 하면서 남들한테 싫은 소리를 들을 이유가 없었는데 군대에서는 나이도 어린 선임이 반말을 하고 훈련을 하다가 실수를 하면 선임들로부터 '그것도 모르냐!'라는 말에 감정이 폭발해 말대꾸를 하거나 표정이 굳어지면서 불만을 나타내곤 했습니다. 이런 일 외에도 잦은 감정적인 대립을 보이는 상황이 자주 발생하면서 면담을 하게 되었습니다.

여러분, 어떻게 해야 할까요?

　그냥 후임이 선임한테 조용히 잘 맞추어서 생활하라고 해야 할까요? 이렇게 하면 사고가 발생합니다. 이런 경우는 C군의 선임도 위험합니다. 군대는 계급의 위계질서가 있습니다. 그런데 후임이 선임한테 못마땅한 얼굴 표정과 말투로 말대꾸를 자주 하면 소대 분위기도 이상해지고 선임이 더 화가 나서 사고가 발생할 수 있습니다. 이럴 때 C군을 다른 보직으로 이동을 시키는 것도 방법입니다. 부대에 배치를 받고 보직을 변경하는 것은 사실 어렵습니다. 사단장님의 승인이 있어야 가능합니다. 그래서 대대급의 지휘관들은 자체 병력을 상

황에 맞게 대대급에서 조정을 하는 경우가 많습니다. 이 경우 소속 대대급 지휘관이 조치한 사항은 대대 조리병으로의 보직 변경이었습니다. 이를 통해 선임과의 마찰을 줄일 수 있었고 대대 병력들은 전문자격증을 가지고 있는 조리병이 직접 식사를 준비하기 때문에 맛있는 음식을 먹을 수 있었습니다. 여러분! 힘들 때는 도움을 요청하세요. 나의 큰 고민이 누군가와 함께 할 때 작아질 수 있습니다.

라. D군 대학교 재학 22세

D군은 고등학교 때 친구들을 왕따 시켜본 적이 많습니다. 그런데 군대에서는 반대의 입장이 되었습니다. 생활관에서 동기들이 과자를 먹고 난 뒤 쓰레기를 관물대에 숨겨놓기도 하고 어떤 때에는 방독면 안에 먹다 남은 과자를 집어넣기도 했습니다. 관물대 물건들의 위치는 자주 바뀌어 있고 침구류는 엉망일 때가 많았습니다. 소대장이 완전군장을 검사한다고 전파를 했는데 전파를 받지 못해 혼자만 준비하지 않아 혼난 적도 있습니다. 주위 동기들과의 관계가 틀어지면서 군대생활이 지옥처럼 느껴진다고 했습니다.

이럴 때는 어떻게 해야 할까요? D군의 동기들을 처벌하면 될까요?

이런 경우 D군을 잘 살펴봐야 합니다. D군이 평상시 모범적이고 성실하게 임무를 수행했는지, 주변의 동기들은 어떤 성향을 가지고 있는지 살펴볼 필요가 있습니다. 제가 군대에서 부모님께 전화를 드리게 되었을 때 가장 많이 들었던 말이 "우리 아들은 착하고 남을 괴롭힐 줄 모릅니다. 아들이 너무 순진해서 당한 겁니다"라는 말입니다. 과연 그럴까요? 이런 경우 D군은 괴롭힘을 당한 일들을 수첩에 기록해서 처벌을 해달라고 요청을 하든지 아니면 본인이 바뀌어야 합니다. D군의 사례는 동기들과 깊은 감정의 골이 있었습니다. 동기들

과 함께 해야 하는 일에서 혼자 꾀를 부리거나 핑계를 대면서 하지 않아 단체로 혼나는 일이 많아지다 보니 생활관의 동기들에게 골탕을 먹이기 위해 했던 일이었습니다. D군은 도움배려용사를 관리하는 곳에서 잠깐 떨어져 생활을 하며 본인의 잘못을 인정하고 다른 중대로 이동을 했습니다.

마. E군 대학교 재학 21세

대학교를 다니다가 군대에 입대를 한 E군은 부대에서 임무를 주면 이해를 잘 못하고 엉뚱한 행동을 보였습니다. 주위에 선임들과 동기들은 그런 E군을 고문관이라고 불렀습니다. 당직 근무 때마다 상황병 임무를 수행하면서 인원 현황과 총기 현황을 기록해야 했는데 숫자는 틀리고 간부가 지시하면 엉뚱한 것을 전파해서 곤란한 상황이 발생하곤 했습니다.

여러분 E군은 어떻게 해야 할까요?

E군의 이상한 행동을 간부 또는 선·후임들이 인지했다면 빨리 조치를 해줘야 합니다. 일단 간부들과 상담을 하고 병영생활상담관과 대화를 하게 해야 합니다.

E군 같은 경우 심리검사 결과 지능이 낮고 잦은 실수로 인해 불안과 분노를 보이고 있었습니다. 주위 사람들의 질타와 본인의 실수에 대한 자책으로 심각한 우울을 보이고 타인에

대한 공격성도 가지고 있었습니다. 이럴 때 사고가 일어납니다. 부대에서는 병영생활상담관과 지속적인 대화를 할 수 있게 여건을 마련해 주었습니다. 그리고 차후 보직도 조정을 했습니다. 여러분 주위에 힘들어하는 병사가 있으면 간부들한테 꼭 이야기를 해야 합니다.

바. G군 대학교 재학 25세
"후임이 제 바지 밑으로 손을 집어넣었어요. 정말 수치스럽고 창피해서 말을 못하고 있다가 그냥 있으면 안 될 것 같아서 용기를 냈습니다. 생활관에 같은 계급을 가지고 있는 후임들과 생활을 하고 있는데 어느 날 침대에 누워 있는데 후임이 말을 걸면서 오는데 자는 척을 했습니다. 그런데 그 후임이 제 침대 옆에 앉더니 제 바지 속으로 손을 넣고 주무르기 시작했습니다. 너무 당황해서 말도 못하고 계속 눈도 못 뜬 채 10분 가량을 그렇게 당했습니다. 그 후로 후임이 또 찾아왔습니다. 제가 침대에서 자고 있는데 또 제 바지 속으로 손을 넣고 만지기 시작했습니다. 도저히 참다가 안 될 것 같아서 인기척을 내면서 일어났습니다. 아무 일 없다는 듯이 말하는 후임을 보면서 소름이 돋았습니다. 그 후 그 후임의 행동을 살펴보니 저뿐만 아니라 다른 후임들한테도 똑같이 하고 있었습니다. 누구 하나 말을 못하고 당하고만 있는 모습을 보면서 이건 도저히 안 되겠다는 생각에 이렇게 도움을 요청합니다."

여러분! 이런 경우 어떻게 해야 할까요?

내가 당하는 것도 신고를 해야 하지만 남이 당하고 있는 것도 본 적이 있다면 신고를 해야 합니다. 저는 가장 나쁜 것이 침묵이라고 생각합니다. 이 침묵은 '아니요'라는 의미보다 '괜찮아'라고 해석하는 사람이 많기 때문입니다. 간부들한테 신고를 하면 일단 가해자와 피해자를 분리시켜 줄 겁니다. 그리고 심리치료를 받아야 합니다. 남자도 여자와 같습니다. 성적

으로 수치심을 당하면 주위 사람들한테 말해 소문이 나면 어쩌나 하는 생각과 사람들의 시선을 어떻게 해야 할지 몰라서 두려워합니다. 두려워하지 마세요. 당신의 잘못이 아닙니다.

사. H군 대학교 재학 23세

부대에서 선임들과 마찰을 겪으면서 "총으로 다 쏴버리고 싶다"라고 말해서 주위 사람들을 섬뜩하게 했는데요. 본인도 부대에서 적응을 못하고 있는 자신의 처지가 한심해서 마음이 힘들고 어떻게 해야 할지 모르겠다고 합니다. 마찰이 있는 선임이 있으면 군대 생활이 힘듭니다. 365일 한 건물에서 생활하고 밥을 먹어야 하기 때문에 쉽지가 않습니다.

이럴 때는 어떻게 해야 할까요?

간부와 상담을 통해 중대를 옮기거나 서로 부딪치지 않는 곳으로 이동을 하는 것이 좋습니다.

누구나 다 그렇게 군대 생활을 한다고 말하면서 참고만 있으라고 한다면 '다 같이 죽자!'라는 말과 다르지 않습니다. 사람의 감정이라는 것은 쉽게 좋아지기도 하지만 골이 깊어지면 뇌 속에서 저 사람은 나쁜 사람으로 인식하기 때문에 어떤 말을 해도 상태가 좋아지지 않습니다. 될 수 있으면 서로

의 접촉이 이루어지지 않도록 물리적으로 분리시키는 것이 좋습니다. 군대 생활을 하면서 총으로 쏴버리고 싶을 정도의 감정이 되었다면 정말 총으로 쏠 수도 있습니다. 군대는 총과 실탄이 있어서 항상 위험합니다. 여러분! 전우가 죽이고 싶을 정도로 밉다면 주위에 도움을 요청하세요.

아. K군 대학교 재학 23세

"여자 친구가 보고 싶어요. 군대 있는 동안 여자 친구를 볼 수 없어서 답답합니다." 여자 친구가 부모님보다 더 좋다고 말하는 K군은 하루 일과가 끝나면 여자 친구와 통화를 하는데, 혹시라도 여자 친구가 전화를 받지 않으면 누구를 만나는지 뭘 하는지 불안해 하며 군복무에 집중하지 못하는 모습을 보였습니다. 여자 친구한테 너무 집착하는 K군에게 여자 친구가 왜 좋은지 물어봤습니다. 답은 간단했습니다. 부모님보다 자신의 이야기를 잘 들어주고 이해해 주는 것 같아서 좋다고 합니다. 군대에 있으면서 여자 친구와 헤어지면 군복무를 끝까지 못할 것 같다고 말하던 K군은 몇 달 후 여자 친구와 헤어졌습니다.

이럴 때 어떻게 해야 할까요?

군대는 국가와 국민을 위해 충성을 다해야 하기 때문에 개인의 사사로운 감정은 중요하지 않은 곳이라고 말해야 할까요? 세상에 남자 50%, 여자 50%라고 말해야 할까요? 이런 일은 군대 생활을 하면서 정말 많습니다. 그런데 제가 군대 생활을 하면서 느낀 것은 조금 기다려줘야 한다는 겁니다. 어떤 위로와 말로는 그 감정을 다스리는 것이 쉽지 않습니다. 조금 부족하고 업무의 효율이 떨어져도 주위의 선임과 동기들이 도와줘야 합니다. 군대도 사람이 사는 곳입니다. 마음에 상처가 깊은 후임을 다그치기만 한다면 부대 밖으로 나갈 수도 있습니다. 잘 살피고 또 챙겨줘야 합니다.

자. L군 대학교 재학 26세

"저는 동성애자입니다. 훈련소에서 동기들과 훈련을 마치고 샤워장에 함께 들어가는 것이 수치스럽고 힘들었습니다. 여름에 워낙 땀이 많이 나고 냄새가 나다 보니 빨리 씻고 나와야 하는데 남들이 저를 쳐다볼까 봐 제대로 씻지도 못하고 나왔습니다. 그래도 훈련소는 동기들끼리 있다 보니 괜찮았는데 자대에서는 선임들과 함께 생활하다 보니 여자 같다는 소리도 자주 듣게 되고 제 행동을 따라 하면서 짓궂게 말을 하거나 괴롭히는 선임이 있어 무섭습니다. 어떤 때는 제가 피부가 좋다고 만지고 옆에 다가와 앉아서 손을 만지거나 몸을 만

지려고 해서 얼굴만 봐도 소름이 끼칩니다."

여러분! 이럴 때는 어떻게 해야 할까요? 참고 있어야 할까요?

그냥 선임이 후임을 조금 귀엽다고 만지고 장난을 쳐도 될까요? 이런 사건들은 대부분 가해자들이 귀여워서 장난으로 했다고 합니다. 장난으로 사람의 신체를 만지고 쓰다듬고 여자 같다는 말로 상처를 줘도 될까요? 안 됩니다. 이건 범죄입니다. 일단 그런 일이 생긴다면 제일 먼저 해야 할 일은 수첩에 육하원칙으로 관련 내용을 잘 작성해 놓으세요. 그리고 주변에 누가 있었는지와 그들의 반응은 어땠는지도 잘 기록하세요. 그리고 싫다고 단호하게 말해야 합니다. 신체를 만지거나 여자라는 말을 듣는 것이 기분 나쁘다고 하세요. 말을 하고 나면 욕을 먹을 수도 있습니다. 그렇지만 일단 이야기를 해야 합니다. 대부분 조사를 받을 때 보면 가해자는 이런 말을 합니다. 저는 L군이 싫어하는지 몰랐습니다. 저한테 싫다고 말한 적도 없고 하지 말라고 한 적도 없습니다. 아마 하지 말라고 했으면 안 했을 겁니다. 참 기가 막히지만 이렇게 이야기를 합니다. 그래서 꼭 용기를 내서 싫다고 이야기를 하고 그 반응을 기록으로 남기세요. 그렇게 말을 했는데도 계속한다면 그 자료를 가지고 간부와 면담을 하고 가해자의 처벌을 원한다고 말을 하세요. 참으면 가해자는 더욱 집요하게 괴롭히고 주위의 사람들도 함께 동조하게 됩니다. 만약 면담 간에 간부가 피해자를 두둔하거나 L군한테 참으라고 하면 간부도 함께 신고하세요. 언어와 성적인 폭력은 계급과 상관없이 처벌을 받아야 합니다. 그리고 조치를 받으세요. 동성애자는 군대에서 잠을 잘 때나 샤워를 할 때 등 여러 가지 상황에 맞게 조치를 해주어야 한다는 규정이 있습니다. 동성애자라고 특권을 주는 것은 없지만 주위 환경과 여건에 맞게 배려를 받을 수 있습니다.

2. 군복무 성공 사례

가. A군 대학교 재학 25세(행정병)

A군은 대학교에 다니면서 군대를 입대하기 위해 모집병을 신청해서 육군 행정병으로 입대를 했습니다. 사실 부대에서 행정병의 임무가 가장 바쁩니다. 왜냐하면, 인원현황부터 상급부대에서 내려오는 공문에 대해 간부와 함께 자료를 만드는 일이 많습니다. 예를 들어 상급부대에서 갑자기 부대 전체 인원을 대상으로 코로나 증세를 보이는 인원을 조사해서 현황

을 보내라는 지시를 했다고 가정해 보세요. 참 당황스러울 겁니다. 이런 유형의 업무를 수행하는 가운데에서도 A군은 이등병 때부터 조금씩 시간이 날 때마다 영어 공부를 했습니다. 행정병 보직은 사무실에 출근해서 전화도 받고 컴퓨터를 이용해 문서도 만들면서 간부들을 보조하는 역할을 합니다. 그런데도 A군은 시간이 날 때나 점심시간에도 토익책을 이용해 공부하면서 열심히 복무를 했습니다. 일과 시간 외에도 공부를 하며 하루하루 성실하게 생활을 하다가 전역을 했습니다.

A군은 전역 후 어떻게 되었을까요?

A군은 복학해서 취업을 위해 대기업 여러 군데에 원서를 내고 입사 시험을 봤습니다. 그 결과 우리나라 대기업 3곳에서 합격통지서를 받았습니다. 어떻게 이런 일이 가능했을까요? 군대 생활을 하면서 자격증 시험과 토익 시험을 보면서 점수를 높이고 행정병을 하면서 문서를 만드는 방법을 익혔습니다. 무엇보다 동료들과 대인관계를 원만하게 잘하다 보니 당연히 이력서에도 군대 생활을 장점으로 기록을 했던 겁니다. 누군가에게 힘든 군대 생활이 A군에게는 기회를 잡는 시간이 되었습니다. 군대에 입대해서 어떻게 시간을 보낼지 계획을 하고 입대하는 사람들은 병장으로 전역할 때 확실히 다릅니다. 여러분! 아직도 군대가 때가 되면 어쩔 수 없이 끌

려와서 시간만 때우다가 가는 그런 곳이라고 생각하시나요?

나. B군 고등학교 졸업 21세(운전병)

"군대에 입대할 때 운전면허증을 취득해서 운전병 보직을 받
고 수송대에서 복무를 했습니다. 처음 고등학교를 졸업하고
들어왔다는 말에 무시를 당하는 것 같아서 기분이 별로 좋지
는 않았습니다." 군대 입대를 할 때 대학을 다니다 입대하는
사람들이 워낙 많다 보니 고등학교 졸업이라는 학력이 자존

심을 상하게 만드는 일도 있었습니다. B군은 수송대에 있으면서 운전을 나가면 쉬는 시간에도 자격증 공부를 했습니다. 승용차 운전병으로 들어왔던 B군은 얼마 안 있어 중형버스 운전병으로 운전을 하더니 나중에는 대형 면허증을 따서 대형버스를 운전하면서 다녔습니다. 그리고 자동차 정비와 굴삭기 등 다양한 자격증을 취득하면서 운전과 정비를 능숙하게 할 수 있는 실력을 구비하고 전역을 하게 되었습니다. 군대는 개인의 발전을 상당히 중요하게 생각합니다. 그래서 자격증 시험도 군대 안에서 군복무 인원들을 대상으로 별도로 날짜를 정해서 국가고시를 볼 수 있는 제도가 있습니다. 그리고 실습도 별도로 교육을 통해 배울 수 있는 장소가 있습니다. 여러분이 자격증과 공부를 원한다면 얼마든지 할 수 있는 곳이 군대입니다. 요즘은 일과 시간 이후에도 스마트폰 사용이 가능해져 대학 강의나 자격증 시험공부도 자유롭게 할 수 있습니다.

다. C군 대학교 재학 3학년(어학병)

C군은 대학교에서 기계공학을 전공하는 학생이었습니다. 외국에서 태어나지도 않았고 영어를 전공하는 학생도 아니었습니다. 그러나 영어는 중학교 시절부터 흥미와 관심을 가지고

공부를 했습니다. 군입대를 앞두고 영어성적을 이용하여 어
학병에 지원을 했는데 합격 통지서를 받았습니다. 어학병 교
육을 마치고 동기들은 국방부 예하 정책부대나 교육기관, 연
합사 등 어학병이 필요로 하는 부대로 배정을 받았지만, C군
은 국방부 산하 연구소에 배치를 받았습니다. C군은 그곳에
서 연구원들이 요청하는 연구과제 수행과 관련된 자료들을
수집하기도 하고, 동영상을 주로 번역했습니다. 또한 외국군
이 포함된 연구발표회나 세미나가 있을 때에는 프레젠테이션

자료를 번역하거나 통역을 했습니다. 일과시간 후 시간적 여유가 있을 때에는 행정업무도 익히고 부족한 어학 능력을 향상시키기 위해 공부를 하는 모습이 자주 보였습니다. C군은 전역할 때 본인에게 어학병 군복무 기간은 사회에서 몇 년에 걸쳐 얻을 수 있는 것 이상의 경험과 지식을 가져다준 기간이었고 본인이 좋아하는 영어를 할 수 있어 행복한 시간이었다고 합니다. 사실 어학병은 자대배치를 잘 받아야 합니다. 어학병으로 보직을 받고 일방행정병으로 임무를 수행하다가 전역하는 병사들도 있습니다. 하지만 모든 기회는 주위의 환경에 의해서 만들어지기보다 자신이 얼마나 노력하느냐에 달려 있는 것 같습니다.

라. D군 대학교 재학 2학년(보급병)

D군은 모집병을 지원해서 보급병으로 배치를 받아 군대 생활을 시작했습니다. 학교에서 통계학과를 다녔는데 누구보다 숫자에 강했습니다. 보급병 중에 1종 계원의 임무는 아주 중요합니다. 1종 계원은 부대원들의 부식을 청구하고 분배를 담당해야 합니다. 조금이라도 청구를 잘못 넣으면 부식이 많이 남아서 음식물 쓰레기가 쌓이게 되고 적게 신청하면 부대의 인원들이 굶을 수도 있습니다. 이렇게 중요한 데이터를 관

리하는 임무를 1종 계원이 해야 합니다. 간부들이 최종적으로 점검을 하지만 1종 계원이 똑똑하지 않으면 간부도 고생이고 부대 병력들도 고생을 합니다. 그래서 군대에서는 보급행정 병 중에도 1종 계원 선발은 아주 신중하게 선발을 합니다. D 군은 통계학과에서 배운 것을 토대로 엑셀로 자기만의 청구 량 예측 프로그램도 작성하고 월말 결산을 위해 누구보다도 빠르게 관련 데이터를 정확히 준비하는 실력을 갖추고 있었 습니다. 이렇다 보니 간부들은 D군을 신뢰하였고 부대에 없 으면 안 되는 병력으로 인정도 받게 되었습니다. D군이 일반 보병으로 갔었다면 아마 군부대 적응이 어려웠을 수도 있었 지만, 본인의 적성과 학교에서 배운 전공을 살려 보직을 찾다 보니 업무에서 인정도 받고 군대 생활하는 동안 보람도 찾을 수 있었습니다.

마. E군 고등학교 졸업(정보보호병)

E군은 다른 동기와는 달리 대학교에서 정보보호학이나 전산 관련 전공을 하지는 않았지만, 고등학교 졸업이라는 학력으 로 사이버방호 부서에서 근무를 하게 되었습니다. E군은 어 렸을 때부터 컴퓨터에 대한 관심이 많았고 초등학교 시절에 는 도서관 사서 선생님이 도서대출 시스템의 비밀번호를 잃

어버렸을 때 시스템에 접근해 문제를 해결해 주는 학생이었습니다. E군의 꿈은 향후 국가정보기관에 들어가서 국가 사이버보안 업무를 담당하는 사이버보안전문가가 되는 것이었습니다. 이것을 위해 다양한 해킹방어에 대한 지식을 습득하고 꾸준히 노력했습니다. E군은 국제 해킹방어대회 입상하여 정보보호병으로 입대를 했습니다. E군은 사이버 환경에서의 보안 위협들에 대한 대응이 매우 중요하다는 것을 알고 군복무 기간 동안 자신이 수행하고 있는 사이버보안 위협들에 대

한 예방·탐지·대응 활동들이 남의 일이 아닌 내 일 같은 느낌으로 업무를 수행했습니다.

군에서는 모집병 선발 시 일반적으로 요구되는 자격요건을 제시하고 이를 통해 인원들을 선발하고 있는데요. 이외에도 특정 분야에서 성실한 노력을 통해 남다른 능력을 보유한 인원들도 군 업무 발전을 위해 선발하는 경우가 많습니다. 군 또한 입대하는 우수 인력을 통해 업무를 발전시킬 수 있고, 입대 병사는 군이라는 장소와 군복무 기간을 이용해 자신의 능력을 펼치며 경력을 쌓고 향후 자신의 꿈을 이룰 수 있는 장이 될 수 있다는 점에서 상호 긍정적인 시너지 효과를 낼 수 있습니다.

바. F군 대학교 재학 2학년(네트워크운용/관리병)

F군은 대학교에서 전자계산기공학을 전공하다가 군입대를 앞두고 전공과 관련 있는 네트워크운용/관리병에 지원을 하였습니다. 전자계산공학을 배우다 보니 평소 정보통신 분야에 관심이 있었는데 선배들로부터 군대의 네트워크운용/관리병은 네트워크 기반체계와 다양한 정보시스템 운용환경을 접할 수 있고 나름대로 군복무 기간 동안 다양한 실무 경험과 지식을 얻을 수 있다는 이야기를 듣고 지원을 했다고 합니다.

이렇게 해서 F군은 정보통신부대 체계병으로 근무를 하게 되면서 대학교에서는 이론으로만 배웠던 네트워크와 서버를 포함한 정보시스템 관리를 직접 해볼 수 있는 기회를 얻게 되었습니다. 처음 접해 보거나 잘 모르는 부분은 주위 동료나 상급자를 통해 배울 수 있어 실력이 일취월장하였습니다. 네트워크운용/관리병은 부대에서 전산 관련 자산들에 대한 운용이나 보안 지원까지 담당해서 바쁘고 힘들 수도 있는데 항상 밝은 얼굴로 업무를 했습니다. F군을 처음 이등병 때 만났을 때와 병장으로 전역하기 전의 모습은 너무나 달라져 있었습니다. 이등병 때 서툴고 실수를 하던 모습은 간데없고 전문가의 포스로 네트워크 서버를 설명하던 모습이 참 인상적이었습니다. 학교에서 배운 것을 군대에서 경험의 장소로 활용한 F군은 어디를 가도 인정받는 전문가로 성장할 것입니다.

사. G군 대학교 1학년(화생방)

G군은 화학공학과를 다니면서 모집병으로 입대해서 화생방 관련 부대에 보직되어 임무를 수행했습니다. 하루 일과가 시작되면 점호를 받고 자신이 보직된 곳으로 이동을 해서 임무를 수행했고 체육활동 시간에는 운동도 열심히 했습니다. 일과 후에도 개인정비 시간을 이용해서 동아리 활동을 했는데

동아리 모임은 성경책을 필사하는 동아리로 선·후임이 모여 서로 의견을 주고받으며 신앙심을 키워갔습니다. 그리고 점호가 끝나고 연등을 하면서 대학 강의와 영어 공부를 했습니다. 하루도 빠지지 않고 개인의 발전을 위해 노력하는 G군은 전역을 하고 어떤 사람이 될까요? 아마 성실히 직장과 가정을 위해 열심히 일하고 자신의 발전을 위해 게으름 없이 항상 노력하는 사람으로 살아가겠지요. 군대에 오래 있다 보니 병사들의 행동 패턴만 봐도 앞으로 어떻게 생활할지 전역 후 어떤 모습이 될지 바로 알 수 있습니다.

어떤 병사들은 이런 이야기를 합니다. "군대에 있는 동안 목표가 뭐야?"라고 질문을 하면 "건강하게 전역하는 겁니다"라고 하는데요. 그 이야기는 잘 놀고 잘 있다가 그냥 전역하고 싶다는 말과도 비슷하게 느껴질 때가 있어요. 저만 그렇게 느껴지는 걸까요? 하루하루 열심히 군복무 하는 마음가짐과 행동은 주위의 신뢰를 만들고 기회가 왔을 때 선택받을 수 있는 요소가 된다는 것을 인식해야 할 것 같습니다. 군대도 일반 사회와 똑같습니다.

아. H군 고등학교 졸업(조리병)
H군은 고등학교를 졸업하고 한식조리사 자격증으로 조리병

을 지원해서 입대를 했습니다. H군은 군대 생활에서 조금 남들과 달라 보였습니다. 항상 규칙적으로 운동과 인터넷 강의를 듣고 조리병 선·후임과도 스터디를 하면서 공부하는 모습이 인상적이었습니다. 취사반에 일이 있어 가면 항상 웃는 얼굴로 미소를 짓곤 했습니다. 그런데 음식을 만들 때 유심히 보니 대충 양념을 넣기보다 계량컵을 이용해서 조미료를 넣거나 식재료가 도착을 하면 일일이 확인 후 잘 손질을 해서 넣어두었습니다. 보통 식재료는 부대에 도착하면 취사반의 조리병들이 손질해서 보관을 하지만 뭔가 달라 보였습니다. 섬세하게 재료를 확인하고 꼼꼼하게 관리하는 모습이 보통 눈빛으로 보이지 않아 말을 붙여봤습니다.

사실 뜬금없는 질문이긴 했지만 너무나 궁금해 질문해 보았습니다. "군대에서 목표가 뭐야?"라고 질문을 하자 군대에 있는 동안 양식·일식·중식 자격증을 모두 취득하는 것이 목표이고 재료 관리에서부터 보관까지 군대 시스템을 배워서 이것을 토대로 사회에 나가면 고급 음식점에서 요리를 배워보고 싶다고 했습니다. 그리고 나중에는 유명한 셰프가 되고 싶다고 말을 하는데 솔직히 놀랐습니다. 대부분 제가 이런 질문을 하면 '아직 잘 모르겠습니다' 아니면 '제가 그걸 몰라서 입대를 했다'고 이야기를 합니다. 그런데 H군은 입대를 할 때부터 본인이 하고 싶은 목표와 꿈을 향해 준비를 하고 있었습니다. 그 후 취사반 선·후임들과 함께 공부하면서 자격증 취득도 하고 조리병 경연 대회에 나가 입상도 했습니다. H군을 보면서 꿈이 있는 사람은 그냥 스쳐 지나가도 빛이 난다는 것을 알게 되었습니다.

3. 넷플릭스 <D.P.> 일병 조석봉 사례

넷플릭스에서 원작만화 내용을 드라마로 만든 〈D.P.〉(디피)를 보면서 마음이 많이 아팠습니다. 그곳에 등장하는 인물들의 캐릭터가 군대에서의 실제 모습과 비슷한 부분도 있고 조금 과장된 부분도 있지만 군대 생활을 24년 한 저는 어쩜 각 캐릭터별로 저렇게 역할을 잘 표현했을까 하는 생각이 들었습니다. 과연 저만 그런 생각이 들었을까요? 군대를 다녀오신 분들은 아마 대부분 조금씩 형태는 달라도 그런 경험들이 있을 겁니다. 나이 어린 선임이 막말을 하고 인격적인 모욕을 해도 참고 또 참으면서 화장실 안에서 눈물을 흘린 경험들이 있으실 겁니다. 저는 군대에서 사람이 억울하면 죽을 수 있겠다는 것을 느껴본 경험이 있습니다. 정말 억울한데 계급구조

로 인해 내 편은 없고 다 제가 이상한 사람이라고 말할 때 참 답답하죠. 한마디로 환장합니다.

탈영병들을 잡는 군무 이탈 체포조(디피)는 책을 쓰는 동안 저에게 많은 깨달음을 줬습니다. 처음 이 책의 초안에는 상담 사례에 대한 답변이 없었습니다. 답변을 달면 군입대 컨설팅 의 정보가 너무 노출될까봐 작성을 하지 않았는데요. 그런데 디피를 보면서 답을 달아주고 싶다는 생각이 들었습니다. 6 부작 마지막 부분에서 '뭐라도 바꾸려면 뭐라도 해야지'라고 말을 하며 자살을 선택하는 부분이 너무 가슴이 아팠습니다. 제가 작성한 사례의 답이 정답이 아닐 수도 있지만 최소한 상황별로 대처하는 요령은 어느 정도 도움이 될 수 있다고 봅니다. 저는 24년 군대 생활 중 5년 동안 도움배려용사를 관리하면서 사건 사고에 관한 내용을 사단에서 참모장, 법무, 헌병, 감찰, 의무(군의관), 인사, 병영생활상담관, 중대장, 행정보급관 등 다양한 분들과 토의를 했던 노하우가 있습니다.

그럼 디피에 나오는 일병 조석봉을 두고 군입대 컨설팅을 해보겠습니다.

디피에 나오는 일병 조석봉은 그림 그리는 것과 애니메이션을 좋아하는 순진한 캐릭터에 착한 학원 선생님입니다. 군대에 입대를 하면서 선임으로부터 구타, 가혹행위, 성적수치심을 느끼게 하는 행동까지 당해 선임한테 복수를 하겠다는 신념으로 탈영을 하게 되고 결국 죽음을 선택하는 캐릭터로 나옵니다.

1. 입대할 때 자신의 적성과 취미에 맞는 보직을 찾아서 입대를 했다면?

일병 조석봉이 헌병대가 아닌 본인이 좋아하는 취미와 특기를 가지고 군대에 입대를 했다면 어떻게 되었을까요? 군대는 다양한 보직들이 많습니다. 드라마(디피)를 보면 일병 조석봉은 그림과 애니메이션을 좋아하는 캐릭터로 나옵니다. 휴가 때 동기와 함께 애니메이션을 보러 가는 장면도 나오는데요, 그렇다면 입대를 할 때 본인의 특기를 살려 공군에 콘텐츠제작병으로 갔으면 어땠을까요?

공군 콘텐츠제작병은 전공분야가 4년제 및 2년제 대학 디자인학과, 언론정보학, 미디어학, 문화콘텐츠학과, 만화(웹툰, 애니메이션) 관련학과, 회화과(3학기 이상 이수자)를 하거나, 경력은 디자인 제작업무 1년 이상 경력자, 영상(방송, 영화 등) 제작업무 6개월 이상 경력자, 웹툰 및 애니메이션 제작 업무 6개월 이상이면 지원을 할 수 있습니다.

선발방법은 1차로 출결+가산점의 합계 고득점자 순 300% 선발, 2차에선 전공 및 경력(40점)+실습(35점)+공군본부면접(25점)으로 합격이 결정됩니다.

일병 조석봉이 자신의 취미와 특기를 살려 입대를 했다면 아마 주변 환경이 디피 속의 등장인물들과는 전혀 다른 사람들을 만났을 겁니다.

2. 일병 조석봉은 군복무 중 구타와 가혹행위 성적수치심을 느끼는 행동을 하도록 강요를 당합니다. 여러분! 여러분이

일병 조석봉이면 이럴 때 어떻게 해야 할까요? 디피의 장면처럼 참아야 할까요? 그리고 복수를 위해 탈영을 하고 자살을 선택하는 것이 답일까요?

　여러분! 혹시 군대에서 구타, 가혹행위, 성적수치심을 느끼는 행동을 당하게 된다면 이렇게 한 번 해보세요. 첫 번째 기록을 해야 합니다. 최대한 육하원칙이 아니더라도 기록을 자세하게 하세요. 그리고 참지 마세요. 군대에는 병영생활상담관이 있습니다. 병영생활상담관께 상담을 요청하세요. 방법은 간부를 통해서 할 수도 있고 주변에 가까운 곳에 전화번호가 있을 겁니다. 병영생활상담관은 상담사 자격증을 취득한 사람들이 군대에서 상담을 진행하는 분들입니다. 상담내용은 최대한 비밀이 보장이 되지만 사건을 처리하기 위해서는 본인의 의사를 묻고 공개를 할 수도 있습니다. 일단 내 편을 한 명 더 만든다고 생각하시면 됩니다. 그리고 요즘은 핸드폰이 있어서 카톡으로 대대장님 또는 연대장님께도 직접 상담을 요청하는 병사들도 있습니다. 부대의 여건에 따라서 조금씩 다르지만 일단 최대한 빠른 조치를 받는 방법입니다.

　3. 그래도 처리가 안 된다 해도 자살하지 마세요. 죽는 것은 또 다른 시작입니다. 여러분들이 휴가를 나가서 집에서 유

서를 작성하고 자살을 하는 순간 부모님들의 고통은 여러분들이 당한 가혹행위와 구타보다 더 큽니다. 그리고 해결이 안 됩니다. 정말 죽을 만큼 억울하고 힘들면 국방부 신문고, 국방헬프콜(T.1303) 등에 도움을 요청하세요. 비록 부대에서 욕은 먹을 수 있겠지만 죽는 것보다 훨씬 낫습니다. 사람이 하는 일은 해결이 안 되는 것이 없습니다. 군대에서 자살하는 것은 가장 억울한 죽음입니다. 죽은 자는 말이 없다는 말처럼 답이 없는 싸움을 부모님이 해야 합니다. 내가 사랑하는 부모님께 아픔을 안겨드리지 말고 차라리 상급부대에 신고를 하세요.

4. '군대를 가지 않았으면 탈영도 없다'라는 말을 하는데 군대는 어떤 형태라도 존재할 수밖에 없습니다. 나라가 없는 곳에 어떻게 국민이 있을 수 있나요. 아무리 좋은 보직을 받고 좋은 환경을 찾아가도 사람을 잘못 만나면 아무런 소용이 없습니다. 그렇다고 부당한 일을 당하고 가만히 있을 건가요? 부당한 일은 언제 어디서나 일어납니다. 이렇게 부당한 일을 당했을 때 상황에 대처하는 방법이 필요합니다. 여러분! 현명해지세요. 부당함 앞에서 절망하지 마세요. 잘못된 일은 꼭! 기록으로 남기고 신고를 하세요. 병영생활상담관, 간부, 지휘관한테 도움을 요청했는데 해결이 안 되면 더 높은 곳에 민원을 넣으세요. 그

리고 자살하지 마세요. 여러분의 잘못이 아닙니다. 군대 생활을 하면서 구타, 가혹행위, 성적수치심 등을 당한 경험이 있다면 꼭 상담 치료를 받으세요. 마음의 병은 전역을 하고 사회생활을 하면서도 트라우마로 남게 됩니다. 여러분들은 누군가에게 멋진 남자친구이고 또 누군가에게 소중한 자식입니다. 여러분을 힘들게 한 사람들에게 당당하게 보여주세요. 죄를 지은 사람은 죄 값을 치러야 한다는 것을 꼭! 살아남아서 알려주세요.

④
군입대 컨설팅
사례

1. 군입대 컨설팅 사례

가. A군 고등학교 졸업(20세)

A군은 왼쪽 팔꿈치 측부인대 손상에 뼈 조각이 남아 있었고, 우측 어깨 연골이 손상되어 군입대를 앞두고 걱정을 많이 했습니다. 군대는 공익근무요원과 육군을 생각하고 있었는데, 자격증으로 운전면허증 2종보통이 있고 특기로는 구기운동으로 야구와 축구를 잘하는데 고등학교 때 어깨 부상으로 운동을 그만두었습니다. 취미는 외모에 관심이 많아 꾸미는 것을 좋아합니다. 군대에서 하고 싶은 것은 사격, 족구대회, 축

구대회를 참여하는 것입니다.

여러분 A군이 병무청에서 실시하는 병역판정검사를 받고 입영통지서가 나올 때까지 아무것도 하지 않으면 어떻게 될까요? 병역판정검사 결과 신체등급 1~3급이 나오면 무조건 육군 현역병으로 입대해야 합니다. 육군 현역병으로 입대하면 본인의 의사와 상관없이 병무청으로부터 훈련소를 통보받고 입대를 합니다. 그리고 훈련을 받고 난 뒤 전산으로 추첨해서 부대와 보직이 정해집니다. 이렇게 되면 대부분 전투병 특기를 받고 복무를 해야 할 확률이 높습니다. 전투병은 하루 종일 전투에 필요한 훈련을 하고 야간에는 경계근무병으로 편성되어 복무를 하게 됩니다. A군은 복무를 잘 할 수 있을까요?

A군은 어떤 곳에서 복무를 하면 좋을까요? A군은 남들보다 신체적인 조건이 좋지가 않습니다. 아픈 곳이 없어도 군대에서 훈련을 받다 보면 체력에 한계를 느낄 만큼 인내와 정신력이 필요합니다. 그런데 인내와 정신력은 건강한 신체적 조건이 있을 때 가능합니다. A군은 본인이 아무리 열심히 해도 주변의 시선과 본인의 체력적 한계로 인해 많은 부분 위축되고 자존감이 떨어질 수 있습니다. 그럼 제일 먼저 찾아오는 것이 마음의 병입니다. 그래서 A군 같은 경우 이런 환경적인

조건을 처음부터 최소화하는 것이 좋습니다. A군은 운동도 좋아하고 군대에서 사격도 해보고 싶어하지만 건강적인 부분을 생각했을 때 운전면허증 2종보통을 이용해서 운전병을 지원하는 쪽으로 컨설팅을 받고 준비를 했습니다. A군은 가산점을 최대한 활용해 운전병으로 입대를 했습니다.

나. B군 대학교 1학년(20세)

B군은 병역판정검사 결과 신체등급이 1급으로 공군 병사에 입대를 희망했습니다. 그런데 외국에서 대학을 다니고 있지만 자격증, 어학점수가 전혀 없었고 취미와 특기도 없어서 부끄럽다는 말을 합니다. 군대에 가서 하고 싶은 일은 일과시간 이후 공부와 운동을 하고 싶어했습니다.

B군은 공군에 입대를 할 수 있을까요? 여러분! 대학을 입학할 때 입시 준비를 초등학교 때부터 하는 분들이 있을 겁니다. 이유가 뭘까요? 원하는 대학에 들어가기 위해서가 아닐까요? 그럼 군대는 어떨 것 같으세요? 당연히 군대도 준비가 필요합니다. 가고 싶은 것은 내 마음이지만 병무청에서 선발을 할 때는 자격조건(평가요소 및 배점기준)에 맞는 인원을 선발합니다.

그럼 B군은 공군 병사로 입대를 하기 위해서 무엇을 준비

해야 할까요? 공군에는 일반기술, 전문기술, 전문특기병, 임기제부사관, 취업맞춤특기병이 있습니다. 먼저 B군은 일반기술(자격증 또는 전공과 관련없이 누구나 지원 가능) 쪽으로 지원은 할 수 있습니다. 그런데 자격증과 가산점 없이 지원하면 합격할 수 있을까요? 자격조건에 지원은 가능하지만 평가요소 및 배점기준이 있기 때문에 배점표를 보고 하나씩 체크하면서 준비를 해야 합니다. 군입대 컨설팅은 군입대에 필요한 정보, 즉 길을 알려주는 역할을 합니다. 그렇다면 필요한 준비는 누가 해야 할까요? B군이 해야 합니다. 대학입시 준비를 생각하면 이해가 쉬울 것 같습니다. 정보가 없으면 그 길을 갈 생각

조차 못하지만 정보가 있으면 얼마든지 그 길을 찾아갈 수 있습니다. B군은 공군병사로 입대하기 위해서 필요한 자격증, 봉사점수, 헌혈을 하면서 준비를 했습니다. B군은 어떻게 되었을까요? 당연히 공군 병사로 입대를 했습니다. 미래를 준비하고 실천하는 사람은 단지 시간의 차이가 있을 뿐 어떤 형태로든 답을 찾을 수 있습니다.

다. C군 대학교 2학년(21세)

C군은 병역판정검사 결과 신체등급이 1급으로 육군 병사 입대를 희망했습니다. 자격증으로 운전면허 1종보통, 태권도 2단, 취미와 특기는 농구, 게임, 요리를 좋아했고 대학은 건축공학을 다녔습니다. 군대에 가서 하고 싶은 일은 전산병과 운전병을 하고 싶어했습니다.

C군은 육군 전산병과 운전병을 가기 위해서 무엇을 해야 할까요? 먼저 육군 컴퓨터와 관련된 특기병을 가려면 자격증을 따야 합니다. 지원 자격요건에 자격·면허를 취득한 사람 또는 해당 전공학과 전문계(실업계) 고교 3년 이상 수료하였거나 대학 1학년 이상인 경우 지원이 가능합니다.(단, 중졸 특기병의 경우 자격, 면허 없이 지원이 가능합니다.)

그럼 육군 운전병은 운전면허증 1종보통이 있으면 가능할까요? 운전병을 선발할 때 평가요소 및 배점기준이 있습니다. 그래서 점수표를 보고 잘 챙겨야 합니다. 전체 배점을 보면 1차 평가에서 기술자격·면허증/배점이 운전병은 대형/특수(90점), 1종보통(87점), 2종보통(85점)입니다. 그리고 출결상황/배점 10점(중학교 또는 고등학교 3년간 결석한 누계 적용)으로 결석일자에 따라 점수가 정해집니다. 가산점/배점은 총 15점(접수마감일 기준)입니다. 육군 운전병 지원은 접수 시기와 지역에 따라 차이가 큽니다. 전방지역과 후방지역 커트라인 점수가 많게는 10점 이상 차이가 납니다.

한마디로 고등학교 출결점수와 가산점이 없으면 운전면허증 1종보통으로 지원하면 떨어질 확률이 높습니다. C군은 육군 운전병으로 들어가기 위해 무엇을 준비해야 할까요? 고등학교 3년간 출결 점수가 좋지 않으면 결국 가산점으로 채워야 합니다. 가산점 표를 보면 가장 쉽게 할 수 있는 것은 헌혈과 봉사점수로 최근 1년 이내 활동으로 최대 8점 이내로 챙길 수 있습니다. 군운전적성정밀검사 합격자에게 4점(수송운용(차량운전), 견인차량운전, 경장갑차운전, K-53계열차량운전, 구난차량운전, 크레인차량운전) 가능합니다. 이런 노력과 준비가 있어야 육군 운전병으로 입대가 가능합니다.

제가 또 추천을 한 보직은 육군 야전건설과 측량, 공군 공병입니다. 전공을 최대한 활용해서 학교에서 배운 내용을 군대에서 경험을 쌓는 장소로 활용할 수 있기 때문에 얼마든지 준비하면 갈 수 있는 곳입니다. 여러분 군복무는 의무이기 때문에 군대에 가서 시간만 때우고 나온다는 생각을 하시면 안 됩니다. 군대는 여러분이 생각하는 것보다 훨씬 다양한 사회경험과 지식을 알려줄 수 있는 노하우가 많은 장소입니다. 여러분이 그 기회를 어떻게 활용하느냐에 따라서 인생은 달라질 수 있습니다.

라. D군 고등학교 1학년(17세)

D군은 고등학교 1학년으로 영주권이 있고 육군 병사, 공군 병사, 카투사 병사로 입대를 희망했습니다. 어학점수는 HSK 4급, 취미와 특기는 정보보안 분야 및 SW개발, 코딩, 프로그램, 외국어 배우기를 좋아합니다. 군대에 가서 하고 싶은 일은 정보보안, 소프트웨어 개발, 통역병, 어학병을 하고 싶어했습니다.

고등학교 1학년 D군은 무엇을 준비하면 될까요? 첫 번째 모집병에는 출결상황/배점 10점(중학교 또는 고등학교 3년간 결석한 누계 적용)이 들어갑니다. 그래서 학교는 성실하게 잘 다녀야 합니다. 두 번째 카투사를 들어가기 위해서는 2년 이내의

성적만 인정되며, 접수 시점에서 해당 어학성적을 취득한 상태여야 가능합니다. 세 번째 육군, 해군, 공군, 해병대 전문기술병은 고등학교, 대학교 진학을 비슷한 과로 가는 것이 유리합니다. 정보보안, 소프트웨어와 연관된 보직들은 경쟁률이 높습니다. 그래서 대학 전공학과, 자격증, 경력 등 사전 준비가 필요합니다. 네 번째 가산점을 사전에 체크해서 챙겨야 합니다.

컨설팅으로 보직을 7개 추천했습니다. 영주권을 이용한 입대보다 본인이 희망하는 보직이 카투사, 육군 영어어학병, 육군 정보보호병, 육군 S/W개발병, 공군 정보보호병, 기상슈퍼컴퓨터분석보조병, 공군 영어어학병 등입니다.

여러분! 군입대 컨설팅은 입대를 앞두고 상담을 받는 것보다 이렇게 고등학교 때 받는 것이 훨씬 좋습니다. 입대를 앞두고 육, 해, 공군, 해병대 중 어디를 가야 할지 고민하거나, "제가 뭘 잘하는지 모르겠습니다"라고 말하는 분들이 상당히 많은데, 군대는 부모님이 가는 것이 아니라 바로 여러분이 가야 하는 곳입니다. 스스로가 고민해야 합니다. 이렇게 고등학교 1학년부터 준비하는 D군 같은 사례는 바람직하다 할 것입니다.

마. E군 대학교 3학년(25세)

E군은 대학교 3학년으로 어릴 때 아토피를 앓았으며, 눈은 라섹수술을 했고 육군 병사, 공군 병사로 입대를 희망했습니다. 자격증은 없고 어학점수는 토익 977으로 취미와 특기는 영화 보기, 건담 등 무언가를 만들고 조립하는 것입니다. 군대에서 하고 싶은 일은 일과 시간에는 일을 하고 일과 이후 공부를 할 수 있는 곳이면 좋겠다고 했습니다.

E군은 육군 일반병 입영통지서가 조만간에 나온다는 말에 초조해졌습니다.

여러분! E군은 어떤 곳에서 복무를 할 수 있을까요? E군은 어학점수 토익 977점을 이용해서 갈 수 있는 곳이 여러 곳이 있습니다. 군대는 영어만 잘해도 카투사, 육군, 해군, 공군 영어어학병 지원이 가능합니다. 그런데 카투사는 시험을 볼 수 있는 시기를 놓쳐서 포기를 할 수밖에 없었고 그래서 육군과 공군 어학병에 도전을 했습니다.

어학병은 어학성적이 접수일 기준 2년 이내의 정기시험 점수로 지원을 할 수 있습니다.

육군의 경우 어학평가결과 분야별 점수를 종합하여 고득점자 순으로 최종 선발(동점 시 생년월일이 빠른 순)되며, 영어어학병은 1차 선발(월별 모집인원의 2배수 전산무작위 추첨)자에 한하여 어학평가를 실시합니다.

하지만 공군어학병은 1차는 모집계획 대비 3배수를 선발하여 출결 + 가산점 합계 고득점자 순(동점자 : 가산점 > 출결 > 생년월일 순)으로 뽑습니다. 2차는 1차전형 선발자에 한하여 공군본부의 특별전형 실시 등 기준이 있습니다.

여러분! 어학병도 육군, 해군, 공군 기준이 다릅니다. 사전에 준비된 사람만이 합격을 할 수 있습니다.

바. F군 대학교 1학년(21세)

F군은 대학교 2학년으로 어릴 때부터 공부를 잘했습니다. 초등학교 때부터 고등학교까지 1등 자리를 놓고 경쟁을 할 정도로 똑똑하고 영특해서 서울에 있는 SKY대학 중 한 곳에 입학을 했습니다. 그런데 대학을 입학한 후에 내가 무엇을 좋아하는지 학교는 왜 다녀야 하는지 방황을 하기 시작했습니다. 코로나로 대학교 강의를 온라인으로 수강하다 보니 대학교 친구들이 누구인지도 잘 모르고 대학에서 배우는 공부가 적성에도 맞지 않아 성적이 바닥을 쳤습니다. F군의 군입대를 앞두고 어머니가 걱정이 되어 군입대 컨설팅을 받으셨습니다.

　F군은 어떻게 되었을까요? F군은 어머니가 어떤 정보를 줘

도 반응이 없었습니다. 모집병 자체를 남들보다 특혜를 받는 행동으로 생각하고 꼼수를 써서 남들보다 편하게 군대 생활을 하려는 것이라며 불편하다고 말했습니다. F군은 본인의 권리를 스스로 찾기보다는 어머니가 쓸데없이 시간을 낭비한다고 생각하며 군입대 준비를 하지 않고 육군 일반보병으로 입대를 했습니다.

지금 어떻게 지내고 있을까요? 학교를 다닐 때 공부는 열심히 했지만 친구들과 잘 어울리지 못하는 성격이었는데 군대 가서는 동기들과 잘 어울리며 생활할 수 있을까요? 군대는 20대의 비슷한 나이를 가지고 있는 병사들이 계급이라는 구조 속에서 선임과 후임이라는 관계를 형성하고 있습니다. 짧게는 18개월에서 길게는 21개월 동안 한 지붕에서 365일 함께 생활하기 때문에 쉽지가 않습니다.

F군이 잘하는 공부는 육군 일반병으로 가면 별로 큰 도움이 안 됩니다. 어릴 때부터 잘한다는 말만 듣고 자란 F군은 육군 전투병으로 들어가서 전방 GOP부대에서 어렵게 생활하며 복무를 하고 있습니다.

사. G군 대학교 1학년(22세)

G군은 1년 재수를 하고 대학을 들어가 남들보다 나이가 많습

니다. 그래도 대학은 늦었지만 그림 그리는 것과 사진 찍는 것을 좋아하고 애니메이션 영화를 통해 일본어 공부를 열심히 하고 있었습니다. G군은 주위에 고등학교 친구들이 한 명씩 군대를 가는 것을 보고 육군 일반병으로 입영날짜를 신청하고 입대를 기다리고 있습니다.

G군은 어떤 보직으로 들어가면 좋을까요? G군에게는 10개월 가량 입대날짜가 남아 있었는데요, 그래서 육군과 공군에 있는 관련 보직을 안내해 주었습니다. 육군은 영상콘텐츠디자이너, 그래픽디자이너, 사진콘텐츠디자이너가 있고 공군은 정훈병, 콘텐츠제작병, 웹디자인병이 있습니다.

G군은 어떻게 되었을까요? 군입대가 한 달 남은 현재 아무 것도 하지 않고 똑같은 패턴으로 생활을 하고 있습니다. 어머니가 G군의 군대를 걱정해서 컨설팅을 받았지만 정작 아들인 G군은 군대에 대해서 별로 관심이 없었습니다. 어머니가 걱정스러워 아들에게 군대 관련 보직을 말해줘도 대답만 잘할 뿐 신경을 쓰지 않습니다.

위의 F군과 G군의 사례를 보면 군대를 가야 하는 당사자가 전혀 군대에 대해서 관심이 없는 경우로 아무리 정보를 줘도 소용이 없습니다. 부모님들이 유튜브, 블로그, 인스타 등의 SNS를 보고 연락을 하셔도 아들과 충분한 대화가 되지 않으면 좋은 결과를 내기가 어렵습니다.

2. 군입대 관련 질문

> **질문1)** 현재 회계학과 1학년 재학중이고 헌혈 1회, 1종 보통면허를 소유하고 있습니다. 결석은 0입니다. 운전병으로 지원하고 싶은데 몇 점 정도 나올까요?

☞ 반갑습니다. 운전병 배점 관련해서 답변을 드리겠습니다.

운전병 배점 : 운전면허증 + 고등학교 출결점수 + 가산점

예) 1종보통(87점) + 고등학교 출결점수(10점) + 가산점(1점) = 총 98점

2021년 기술행정병 1차(6월) 커트라인 점수 : 97~103점

일단 6월 합격 점수로 판단해 보면 합격권 안에는 들어가지만 1지망을 어디에 하느냐에 따라 커트라인 점수가 많이 달라집니다.

6월 커트라인 점수로 확인을 해보니, 55사단(103점), 9사단(102점), 37사단(102점), 36사단(101점), 1사단(100점) 등입니다.

참고하세요!

6월 중 입영이면 6월 며칠쯤 입대할까요? 종강이 6월 중순이라 빨리 나와버릴까봐 걱정되어요.

☞ 안녕하세요? 고민이 많으시겠네요.

네이버에서 군입대 컨설팅하는 짬누나로 검색하면 더 자세한 내용을 확인할 수 있어요.

육군기술행정병 입영일자는 정확하게 아직은 알 수 없습니다.

종강이 6월 중순이면 기말고사 시험만 봐도 학점은 인정이 되기 때문에 학교 측에 확인을 하고 접수하는 것을 추천드립니다.

그리고 지금 육군기술행정병과 전문특기병 모집 커트라인이 작년 대비 높기 때문에 가산점을 꼭 챙겨서 지원서를 접수하세요.

질문3) 안녕하세요? 제가 기술행정병 기계공작으로 지원을 하려고 합니다. 근데 신체검사를 3월 16일에 보는데, 그런데 기술행정병 신체검사를 따로 봐야 되나요? 여기서는 '병역판정검사를 받지 않는 사람만 지원병신체검사'를 받을 수 있대요. 답변 좀 해주세요.

☞ 예, 반갑습니다.

질문 내용에 대해서 답변을 드리면 현재 3월 16일에 신체검사가 예약되어 있기 때문에, 해당 신체검사를 꼭!!! 받으시고 기술행정병 지원을 하시면 되겠습니다.

보통 만 19세가 되면 신체검사 대상이 되어 이때부터 병무청에서 신체검사를 받게 됩니다. 그런데 아직까지 신체검사를 받지 않은 인원에 대한 지원병 신체검사 안내 내용이라고 보시면 되겠습니다.

> **질문4)** 육군기술행정병 면접 질문으로 어떤 것들을 하는지 알 수 있을까요?

☞ 면접 준비로 신경이 많이 쓰이죠?

우선 면접을 할 때 최대한 단정하고 공손한 모습이 중요합니다. 헤어스타일, 옷에도 신경을 쓰면 좋아요. 질문은 지원 동기를 많이 물어봅니다. 이때 형식적인 답변으로 하시면 안 됩니다. 예) 조국과 나라를 위해 충성을 다하겠습니다.

이런 답변보다 현재 관련된 공부, 자격증에 대해서 이야기하면서 군대에서 경험을 더 쌓아서 전역 후에 어떤 부분에 더 적용을 하겠다는 미래지향적인 답변을 하는 것이 좋습니다.

질문에는 성실, 지원 동기, 면접 태도, 대인관계 역량, 표현력, 직무능력을 평가합니다.

배점표가 있으니 꼭! 챙기세요.

질문5) 5월 모집 예정인원이 120명인데 제가 1차 130등인데 가능성 있을까요?

☞ 반갑습니다. 끝까지 희망을 가지세요.

내가 안 될 것 같다고 생각하는 순간 떨어집니다.

질문6-1) 현역병입영 본인선택원 추가 접수 때 혹시 휴대폰 두 개로 신청이 가능할까요?

☞ 반갑습니다.

동일인 동시 다중 접속을 금하고 있어요. 다중 접속 시 접수 취소가 될 수 있습니다.

질문6-2) 그럼 혹시 휴대폰이 빠르나요? 컴퓨터가 빠르나요? 그리고 팁이 있나요?

☞ 네트워크 상황에 따라서 다를 수 있어요. 개인적으로 컴퓨터로 접속하는 것을 추천합니다. 참고로 접속 후 5분 미사용 시 자동 로그아웃됩니다.

그리고 사전에 현역병입영 본인선택원을 접속해서 예행연습을 해보세요.

3월 24일 접수인원은 1,672명입니다. 파이팅!

질문7) OO사단 괜찮나요?

☞ 반갑습니다. 4월 5일 입영날짜를 선택하셨군요.

OO사단은 서울지역하고 가까운 곳에 있지만 군대는 위치보다는 배치받은 곳에 어떤 사람들이 있느냐가 더 중요한 것 같아요.

군대는 훈련이 힘들기보다 인간관계가 힘들어서 고생을 많이 합니다.

자대 배치를 받았을 때 좋은 분들을 만나기를 기원합니다.

질문8) 안녕하세요? 육군 기술행정병 이번에 신청해서 7월에 가려고 합니다, 모집정원이 9명이면 합격가능성 없겠죠? 아들 점수가 66점인데, 광학기재정비 7월 합격커트라인 높을까요?

☞ 안녕하세요? 짬누나입니다.

육군기술행정병 광학기재정비를 지원하셨다고 했는데

회차별 점수를 보니 어떻게 될지 아슬아슬하네요.

'00년 3회차(6월) 모집인원 없음

'00년 2회차(5월) 입영 64점

'00년 12회차('00년 3월) 입영 85점

'00년 10회차('00년 1월) 입영 65점

'00년 4회차('00년 7월) 입영 64점

가산점을 최대한 챙기시길 바랍니다.

걱정이 많으시겠어요.

행운이 함께 하시길 빕니다.

질문9) 오늘 7월 모집병 1차 발표 났어요. 육군은 31명 모집인데 16등이고 해병대는 150명 뽑는데 114등이더라고요. 육군은 면접 없이 서류평가로 최종 선발한다고 했고 해병대는 면접 일정이 잡혀 있더라고요. 최종 합격가능성 있나요?

☞ 육군, 해병대 두 곳에서 1차를 합격한 것을 축하드립니다.
열심히 준비하시면 가능합니다.

질문10) 1997년생이고 해외에서 어릴적부터 계속 살았습니다. 여권 유효기간이 올해 12월 말일까지입니다(24세). 귀국을 하든지 영주권을 받든지 해야 했습니다. 그런데 이번에 바뀐 정책에 의하면 귀국을 안 하고 여권 연장을 해서 계속 머무를 수 있다는 건가요?

☞ 반갑습니다.
답변은 아래의 기사를 참고하시면 될 것 같아요.
https://www.mma.go.kr/gyeongnam/board/boardView.
do?mc=usr0000112&gesipan_id
=52&gsgeul_no=1506686

여권의 유효기간과 무관하게 병역의무자들은 국외 출국 시 별도의 국외여행 허가를 받아야 합니다. 또한 이미 허가를 받고 출국하여 해외에 머물고 있는 사람도 기간 만료 15일 전까지는 재외공관을 통해 반드시 국외여행 기간 연장 허가를 받게 되어 있어요.

특히, 2021년 25세가 되는 1996년생 병역의무자 중 국외에서 출생했거나 25세가 되기 전에 출국해 계속 국외에 체류하고 있는 사람은 25세가 되는 해의 1월 15일까지 반드시 허가를 받아야 되며, 1997년생의 경우 2022년에 국외 출국하는 사람은 2021년부터 허가 신청을 할 수 있으며 2022년 1월 15일까지 허가를 받아야 합니다.

25세 이상의 병역의무자가 국외여행 허가를 받지 않고 출국하거나 국외에 체류할 경우 병역법에 따라 고발되는 것은 물론 40세까지 국내 취업제한과 인적사항 공개 등의 행정제재도 받게 됩니다.

질문11) 안녕하세요~ 이번 5회차(8월 26일)에 해병 입대 신청을 했습니다. 여쭤볼 게 있는데 지금 제가 1차 합격을 하고 면접을 기다리고 있는데 면접에서 지원 동기를 명확하게 말하고 또박또박 말하면 면접관께서 점수를 더 잘 주시나요?

☞ 해병대 면접 배점(70점) : 국가관, 면접태도, 표현력, 잠재역량, 성품

각 항목마다 배점표가 있습니다.(수:14점, 우:13점, 미:12점, 양:11점, 가:10점)

지원동기도 중요하지만 이 항목들에 맞는 답변도 준비를 잘 하세요.

※ 면접 평가요소 1개 이상 '가(10)'로 평가를 받은 자와 평가요소 5개의 점수 합계가 '60점' 미만인 자는 탈락(선발제외)

질문12) 다음주 화요일에 군대 입대하는데 금요일에 새끼손가락 다쳐서 깁스했어요. 아프거나 그런 건 없고 윗몸, 팔굽, 오래 달리기 등 훈련받는데 아무 이상 없는데 귀가 조치 당하나요? 휴학계도 내서 못 가면 일정에 차질이 생기는데 어떻게 해요? 답변 부탁드립니다.

☞ 참 안타까운 일이네요. 훈련소에 입소해서 잘 말씀드려보는 방법밖에 없는 것 같아요.

신병훈련은 체력단련 외에도 많은 것을 배웁니다. 이때 신체적인 부분이 한 곳이라도 불편하면 훈련을 받기가 힘들어요.

귀가 조치를 당하는 것도 마음이 아프시겠지만 아픈 손가락으로 훈련을 받는 것도 쉽지는 않을 것 같아요.

질문13) 저 하나만 여쭤봐도 되나요? 7월 육군 해병 1차 합격을 했어요. 근데 지금 다른 병에 관심이 생겨서 바꾸고 싶은데 제가 처음에 육군 해군을 지원했다가 접수마감 2일 전에 해병으로 바꿨어요. 그리고 지금 최종합격 나면 취소하고 7월 추가 모집 나오면 그때 다시 지원하려고 하는데 괜찮을까요?

☞ 1차 합격을 축하드립니다.

다른 병과에 관심이 생겼다고 했는데 해병대 다른 병과인가요?

해병대 모집분야에서 최종합격자 중 특기분류는 적성검사, 병과면담, 심의위원회 등에 따라 타 계열 내 유사병과(특기)로 조정할 수 있습니다.

추가모집은 말 그대로 추가 인원이 있을 때만 신청을 받기 때문에 신중해야 합니다.

2021년 7월 입영 해병 병 모집안내(1272기)를 보면 모집분야에 있는 내용입니다.

– 일반기술/전문기술병 : 일반, 수색, 화학, 공병, 무기정비, 정보통신, 조리, 수송

※ (최종합격자 중) 특기분류는 입영부대 입영 후 적성검사, 병과면담, 심의위원회 등에 따라 결정되므로 일부계열은 타 계열 내 유사병과(특기)로 조정될 수 있습니다.

질문14) 안녕하세요? 누님. 제가 육군기술행정병 보직 중에 하나를 지원하려 하는데 1차 합격기준이 지원한 달 커트라인 점수만 넘기면 합격인가요? 아님 어학병, 카투사와 같이 그 커트라인을 넘는 인원에서 또 제비뽑기나 추첨제로 뽑히는 건가요? 제가 곧 취득할 자격증 점수와 봉사활동 및 헌혈점수, 다자녀 혜택으로 최고로 받을 수 있는 점수가 84, 85점 정도 돼서 확실히 뽑힐 수 있다고 생각하는데 가족이 계속 커트라인 넘긴 인원 중에서 뺑뺑이를 돌린다고 어차피 당첨도 잘 안 될 거 시간 낭비하지 말라 해서 여쭤봅니다ㅠㅠ

☞ 반갑습니다.

육군기술행정병은 1차 합격을 하면, 2차 평가는 면접을 통해 적격/부적격 판정만 실시합니다.

1차 평가 : 자격/면허, 전공학과, 출결상황, 가산점의 합계가 높은 순

2차 평가 : 면접만 실시하며 적격/부적격 판정만 실시

[동점자 선발 기준]

1. 자격/면허 점수가 높은 순

2. 전공학과 점수가 높은 순

3. 출결상황 점수가 높은 순

4. 가산점이 높은 순

5. 생년월일이 빠른 순

질문15) **과학수사지원병에 대해 알고 싶습니다.**

☞ 과학수사지원병 참고자료입니다.

과학수사지원병의 임무는 아래와 같습니다.

1. 과학수사시스템 등 각종 시스템 운용 지원

2. 발생 사건·사고 수사 속보 작성 보조

3. 육군 인터넷, 인트라넷 망 침해범죄 수사 보조

4. 사건·사고 현장 감식 등 지원

5. 육군 사이버순찰대 운용 현황 종합 및 사이버 모니터링

質문16) 안녕하세요? 2021년 5회차에 기술행정병 수송운용으로 35사단에 지원했는데 1차 합격은 했습니다. 근데 선발순위는 171위고 합격 커트라인은 184위인데 최종합격 가능성이 높을까요? 아니면 예정된 모집인원과 관련 있나요? 이번 년도 8, 9월에 입대를 안 하면 대학 학기가 맞추기 어려워서 9월 입영으로 지원하려는데 1차합격자는 지원이 불가하다고 하네요. 최종합격을 기다려야할지 어떻게 해야 될지 모르겠습니다. ㅠㅠ

☞ 고민이 되겠네요.

일단 1차 합격 발표 2021. 6. 24(목) 10:00 확인을 하고

육군기술행정병 추가 모집이 나올 때 지원을 해보는 것이 어떨까요?

질문17-1) 제가 해병대 공병 1273기 45명모집 중 41순위인데 면접도 어느 정도 본 것 같습니다. 합격 가능할까요?

☞ 안녕하세요? 반갑습니다.

발표 전까지 불안하시죠?

45명 모집 중 41순위고 면접도 어느 정도 봤으면

마음 편안하게 결과를 기다려보세요.

잘 될 겁니다. 파이팅!

질문17-2) 막 출결이 안 좋으면 떨어진단 이야기가 있어서요. ㅠ ㅠ 출결이 1점이라 너무 떨리네여~

☞ 결과를 초조하게 기다리면 평상시 아무것도 할 수 없어요.

마음 편안하게 기다려 봐요.

[동점자 처리기준]

※ 종합점수(커트라인) 동점자는 아래 평가요소 순으로 고득점자부터 선발

(1차 선발 : 자격/면허 → 전공 → 출결 → 가산점 → 생년월일이 빠른 순)

(최종선발 : 면접 → 자격/면허 → 전공 → 출결 → 체력검사 → 가산점 → 생년월일이 빠른 순)

질문18) 안녕하세요! 제가 해병대 1273기 지원했는데 일반 모집인원이 700명이더라구요. 1지망은 물론 일반입니다. 1차 서류는 붙긴 했는데 선발순위, 종합순위가 903위면 붙기 힘들까요? 면접은 아직 안 봤습니다.

☞ 반갑습니다. ^^ 결과는 아무도 모릅니다.

면접에 최선을 다하세요. 파이팅!

질문19) 저 발칸운용 선발순위가 69위인데 합격커트라인 내역 선발순위가 135이면 될 확률 높은 건가요? 총 모집인원은 110명입니다.

☞ 반갑습니다.

면접 준비만 잘 하면 될 것 같네요^^

질문20) 저 초등학생인데 군복입고 등하교 해도 되나요?

☞ 혹시 현재 군인들이 입고 다니는 군복인가요?

현역 군인들이 입고 다니는 군복이 아니면 괜찮아요.

영상에서 이야기하는 군복은 군인과 식별이 곤란한 군복을 말합니다.

예를 들어 군인이 전역을 하면 전투복을 입고 가는데,

동원 훈련과 예비군 훈련 이외의 장소에서 입으면 법적으로 문제가 될 수 있어요. 왜냐하면 군복의 의미는 전쟁이 일어나면 아군과 적군을 식별하는 중요한 요소가 됩니다. 그래서 평상시에도 훈련의 목적이 아니면 군복을 입지 못하도록 통제하고 있는 겁니다.

단, 시중에 밀리터리룩이라고 해서 군복 형태의 무늬와 디자인된 옷들이 판매되고 있는데요. 이런 경우에는 괜찮아요.

> **질문21)** 특공병 준비하고 있는 중학생 3학년입니다 다름이 아니라 시력 제한이 있나요? 제가 안경을 써서….

☞ 특공병 참고하세요.

시력적인 부분은 구체적으로 제한사항이 없습니다.

○ 지원 자격

- 병역판정검사 결과 신체등급 1~2급자로서 현역병 입영 대상인 사람

- 병역판정검사를 받지 아니한 사람(18세자 포함)은 현역병지원 신체검사 결과 신체등급 1~2급인 사람

○ 신체요건 : 신장(168cm 이상)

○ 지원 제한 대상

- 색각/운동/청각/언어 장애, 디스크관절 이상, 폐쇄공포증, 정신과 3급자

- 범죄경력 조회 결과 징역 또는 금고 이상의 형(집행유예 포함)을 선고받은 사람(단, 12대 강력 범죄로 벌금형 이상의 형을 선고받은 사람은 포함), 수사 또는 재판 중에 있는 사람, 처분 미상으로 통보된 사람

- '대체역의 편입 및 복무 등에 관한 법률'에 따라 대체역 편입원을 제출한 사람

> 질문22) 짬누나님! 제가 근무헌병으로 지원하고 싶은데 헌병에서 군사경찰로 바뀌었다는데, 군사경찰로 지원하면 될까요??

☞ 넵^^~ 군사경찰로 지원하면 됩니다.

질문23) 임기제부사관으로 들어왔는데 적성에 안 맞아서 취소할 수 있나요?

☞ 부대 행정보급관 또는 중대장님과 상담을 하고
행정적인 처리를 진행해야 할 듯합니다.

질문24) 제가 1학년 1학기 다니고 군 휴학했는데 군대에서 학점을 채우면 어떤 점이 좋나요? 전역하고 1학년 2학기를 안 다녀도 되는 것인가요?

☞ 안녕하세요.
대학을 졸업하기 위해서는 총 이수를 해야 하는 학점이 있습니다.
군대에서 강의를 듣고 학점을 채우게 되면 4학년 때 이수해야 하는 학점이 줄어들어서 그 시간에 다른 취업 준비나 자격증 공부를 하시면 됩니다.

- 현재 한국에 거주하고 있다면 만 19세부터 의무적으로 신검 대상입니다.

- 외국에 살고 있으면 24세까지 자동 연기, 국내에 들어와서 3개월 이상 체재하면 검사받거나 입영하라고 통지가 나옵니다.

- 25세부터는 반드시 국외여행 허가를 받아야 합니다. 그러면 영주권을 가지고 있는 사유로 허가가 가능합니다.

※ 주의 사항 : 국내에 들어와서 체재한 기간이 1년에 6개월 이상이 되면 허가가 안 될 수 있습니다.

- 영주권으로 국외 이주를 해서 외국에서 계속 산다는 조건으로 허가를 37세까지 연기할 수 있습니다. 그러나 이 경우에는 국내에서 영리나 소득활동을 할 수 없게 됩니다.

- 복수국적의 경우에는 예를 들어 미국출생인 경우 18세 전까지 한국 국적을 포기하게 되면 면제가 됩니다.

3. 상담을 받고 싶어요

아래 내용은 실제 군입대 컨설팅 상담 진행 시 있었던 질문

내용으로 질문 목록만 나열했습니다.

1. A군은 어릴 때 아토피를 앓았으며, 오랜 치료기간 후 지금은 많이 좋아졌으나, 다소의 가려움증과 건조증은 남아 있는 상태. 눈은 라섹수술을 했습니다. 아직 공부 중으로 군대에서 대학교에서 공부한 것을 바탕으로 나라도 지키고 시간이 날 때 자격증 시험도 준비해서 볼 수 있는 곳이 있을까요?

2. B군은 올해 의대 본과 4학년으로 의사고시 준비 중에 있습니다. 어학점수는 990점으로 해외 봉사활동이 있는 곳이면 좋겠고 군의관과 공보의는 시간이 오래 걸려 원치 않고 일반병으로 들어가 일찍 마치고 싶은 마음입니다.

3. C군은 오른쪽 귀 고막 복원 수술을 하고 취미로 평소에 요리하는 것을 즐거워해서 취사병을 하고 싶고 운전을 좋아합니다.

4. D군 보건의료행정을 전공하고 있어 의료행정과 관련된 곳에서 복무를 하고 싶습니다.

5. 국제고등학교를 나왔고 현재 외국대학을 다니고 있는데 최대한 빨리 군대를 입대하고 싶습니다.

6. 현재 미국에서 학교를 다니고 있고 컴퓨터 관련 쪽으로 군대를 입대하고 싶은데 어떤 것을 준비하면 좋을까요?

7. 현재 영주권을 가지고 있고 경영학을 전공했는데 어느 쪽으로 군대를 입대하는 것이 좋을까요?

8. 현재 외국에서 공부를 하고 있는데 군대입대를 위해 무엇을 준비하면 될까요?

9. 모집병 지원만 하면 떨어지는데 어디를 지원하면 붙을 수 있을까요?

10. 대학 전공과 연계해서 갈 수 있는 곳은 어디일까요?

11. 중학교를 졸업했는데 모집병으로 갈 수 있나요?

12. 고등학교를 졸업했는데 전역 후 사회진출을 바로 할 수 있는 현역병 모집이 있을까요?

13. 군대를 빨리 가고 싶은데 어떤 곳으로 지원하면 될까요?

14. 1년 후에 군대를 가고 싶은데 뭘 준비하면 될까요?

15. 군대를 연기하고 싶은데 방법이 있을까요?

16. 다문화 가정인데 군대를 어떻게 보내면 좋을까요?

17. 좋은 보직을 받는 방법은 뭐가 있나요?

18. 군대에서 경력을 쌓고 싶은데 방법이 있을까요?

19. 모집병은 언제 지원을 하면 되나요?

20. 몸 안 쓰는 보직이 있을까요?

★ ★ ★ ★ ★

⑤
군입대 컨설팅은
누구에게 필요한가요?

여러분! 군대도 골라갈 수 있다는 것 알고 계신가요? '군대 영장 나오면 그냥 가는 것 아니냐? 그냥 훈련소에서 훈련 받고 자대배치 받아서 18개월 동안 군복무 하다가 제대하면 되지, 나 때는 먹을 것도 없고 월급도 만원밖에 안 줬는데. 지금은 월급도 많이 주고 기간도 짧잖아. 그냥 입대영장 나오면 가면 되지'라고 말하는 분들이 상당히 많습니다. 군대는 자신의 취미와 특기에 맞게 찾아갈 수 있습니다. 예를 들어 영어 실력이 뛰어난데 카투사에 지원을 했다가 떨어졌습니다. 그럼 어디로 가야 할까요? 병무청에서 입영통지서가 나오면 그냥 입대를 하면 될까요?

거기서 포기하지 마세요. 이왕이면 본인의 꿈과 특기를 군복무에 연결시키는 노력을 하는 게 좋습니다. 요즘 육군·해군·공군에는 어학병과 관련한 많은 보직이 있습니다. 카투사가 떨어지면 본인한테 맞는 다른 보직을 찾으면 됩니다. 그런데 여러분들은 어떻게 하고 계신가요?

그냥 아무 곳이나 입대를 하면 되지 이렇게 생각하시나요? 군입대를 하고 군복무에 부적응하는 병사들을 보면 대부분 공부를 많이 했거나 조용한 성격을 가지고 있는 경우가 많습니다. 학교에서 욕 잘하고 규칙을 잘 안 지키는 친구들이 왕따를 당하는 것을 본 적이 있나요? 그런 친구들은 군대에서도 왕따를 당하는 경우가 거의 없습니다. 착하고 남한테 싫은 소리 못하는 병사들이 왕따를 당합니다. 그래서 입대할 때부터 그런 환경을 최소화하기 위해서 본인의 적성과 맞는 곳을 찾아서 가야 합니다.

'그럼 언제부터 준비를 하면 좋을까요?'라는 질문을 많이 하시는데요. 대학입시를 준비하듯이 군대도 중학교 때부터 준비를 해야 합니다. 너무 빠르다고요? 요즘은 세상이 바뀌어 좋은 대학을 나와도 다 취업이 잘 되는 것은 아니라는 것 잘 아시죠? 이제는 국방의 의무를 하면서 자신의 특기를 미래 직업과 연계시켜 전역 후에는 성공적인 취업을 준비해야 하는 시대가 되었어요. 군입대를 위한 모집병에는 요구되는 자격조건에 중학교 또는 고등학교 3년간 결석한 누계를 적용합니다. 중·고등학교 때의 출결상황 배점기준(10점)이 중요합니다.

예를 들어 검정고시 합격자/외국의 초·중·고 학력자/초등학교 이하 학력자는 동일부대·특기 지원자의 평균점수 적용(1차 선발 시 모병시스템에 일괄 입력), 지각/조퇴 2회는 결석 1일로 처리, 결과(교과시간에 출석하지 않은 경우) 2회는 지각(조퇴) 1회로 처리, 결석일 누계 적용 시 소수점 이하는 생략(질병에 의한 결석, 결과, 지각은 적용치 않음) 등이 있습니다. 결석일수에 따라 점수가 달라집니다.

예를 들어 대학교를 다니는 A군이 군입대를 위해 준비를 자격증과 가산점을 챙겼다고 해도 중학교 또는 고등학교 3년간 결석한 누계가 10일 이상이 되면 점수는 0점으로 처리가 됩니다. 본인이 희망하는 특기병과에 지원을 하고 싶어도 커트라인 점수에 들지 못하면 불합격처리가 됩니다. 그래서 군입대 컨설팅은 중학교 때부터 기본적인 평가요소 및 배점기준을 알고 준비를 하는 사람이 아무래도 유리합니다. 최근에 컨설팅을 받은 A군은 고등학교 3학년 때 대학교 미술입시 준비를 위해 결석을 10일 이상을 했습니다. 이런 경우 모집병을 지원할 때 불리합니다. 출결상황 배점도 불리하지만 면접에서도 결석한 부분이 작용을 할 수가 있습니다. 아마 A군은 군 입대를 할 때 출결 점수가 들어간다는 것을 알았으면 결석을 할 때 신중하게 판단을 했을 것입니다.

군입대 컨설팅을 하다 보면 모집병 평가요소를 보고 부모 님들이 상당히 당황을 하십니다. 모집병에 이렇게 많은 특기 병과가 있다는 것에 놀라고 군대를 자신의 취미와 특기에 맞 춰서 갈 수 있다는 것에 한 번 더 놀랍니다. 군입대 컨설팅은 꿈과 미래가 뚜렷이 있는 병사들에게는 인생의 큰 장점이 될 수 있는 제도입니다.

그래서 미리 알고 준비를 해야 합니다. 육군·해군·해병대· 공군 모집병은 평가요소와 배점기준이 있기 때문에 사전에 알고 준비하면 누구나 입대를 할 수가 있습니다.

★ ★ ★ ★ ★
⑥
각 군
모집병(특기병) 유형

군대는 대한민국에서 가장 큰 기업이라고 말씀을 드린 이유가 있습니다. 여러분들이 어떤 보직이 있는지 궁금하실 것 같아서 육군, 해군, 해병대, 공군의 모집병 보직을 병무청 자료를 이용해 정리해 보았습니다. 저와 같은 전문가에게 묻지 않더라도 병무청 자료를 찾아 자격요건을 분석하고, 준비한다면 혼자서도 충분히 해낼 수 있습니다. 아래의 자료들은 여러분들이 육·해·공·해병대 모집병 종류를 한눈에 알아보기 좋게 정리한 것이니 참고하여 잘 준비하시기 바랍니다.

※ 소개하는 군입대 모집 유형은 병무청 2021. 10. 13. 부 자료를 참고하여 작성하였습니다. 보다 세부적인 내용은

병무청 홈페이지를 확인하시기 바랍니다.

1. 육군

육군모집병에는 기술행정병, 취업맞춤특기병, 임기제부사관, 전문특기병, 어학병, 카투사, 동반입대병, 직계가족복무부대병, 연고지복무병이 있습니다.

가. 육군기술행정병(186개)

병역판정검사 결과 신체등급이 1~4급으로 현역병 입영 대상인 사람, 자격·면허를 취득한 사람 또는 해당 전공학과 전문계(실업계)고교 3년 이상 수료하였거나 대학 1학년 재학 이상인 경우 지원 가능합니다.

구분	특기(보직 종류)	구분	특기(보직 종류)	구분	특기(보직 종류)
1	K계열전차승무	26	로켓포 사격지휘	51	땅굴탐지
2	M계열전차승무	27	포병레이더	52	감시장비운용
3	K계열전차부대정비	28	포병측지	53	보안
4	K계열전차포탑정비	29	포병탐지레이더	54	드론운용및정비병

5	M계열전차부대정비	30	자동측지운용/정비	55	야전공병
6	M계열전차포탑정비	31	현무포병	56	장애물운용(M)
7	전차통신정비	32	현무사격통제장비운용/정비	57	장애물운용(E)
8	장갑차조종	33	포병기상	58	야전건설
9	장갑차 부대정비	34	발칸운용/정비	59	측량
10	K-21보병전투차량승무	35	오리콘운용/정비	60	소방장비
11	K-21보병전투차량부대정비	36	비호운용/정비	61	배관/기계설비
12	견인포병	37	방공작전통제	62	전기설비
13	155mm 견인포병	38	휴대용 유도무기운용/정비	63	장갑전투도저운전
14	155mm 자주포병	39	천마운용/정비	64	다목적굴착기운전
15	K-55자주포조종	40	천호운용/정비	65	교량전차조종
16	견인포정비	41	발칸정비	66	도하장비조종
17	K-55자주포정비	42	오리콘정비	67	정수장비운용
18	K-9자주포조종	43	비호정비	68	공기압축기운용
19	K-9자주포화포/장갑정비	44	천마정비	69	크레인운용
20	다련장운용/정비	45	방공레이더운용/정비	70	도저운용
21	K239포병	46	군사정보	71	그레이더운용
22	M/A포병	47	심리전	72	롤러운용
23	M/A사격지휘전산	48	정찰	73	로더운전

구분	특기(보직 종류)	구분	특기(보직 종류)	구분	특기(보직 종류)
24	사격지휘	49	신호정보/전자전운용	74	굴착기운용
25	155mm사격지휘	50	전자전운용	75	발전기운용/정비
76	공병장비부대정비	101	헬기기관정비	126	다중무선장비정비
77	장애물개척전차조종	102	헬기계기정비	127	BTCS정비
78	전술통신장비운용/정비	103	헬기무장정비	128	특수통신장비정비
79	무선전송장비운용/정비	104	항공통신전자정비	129	전자전장비정비
80	무선장비운용/정비	105	화생방	130	보안장비정비
81	이동통신장비운용/정비	106	연막	131	차량정비
82	정보통신망관리장비운용/정비	107	화생방제독	132	공병장비정비
83	영상음향장비운용/정비	108	화생방정찰	133	발전기정비
84	교환시설운용/정비	109	대공포/유도무기정비	134	용접/기계공작
85	기록통신장비운용/정비	110	로켓무기정비	135	병참장비정비
86	M/W운용/정비	111	유도무기정비	136	화생방장비정비
87	위성운용/정비	112	총기정비	137	의무장비정비
88	암호운용	113	화포정비	138	탄약관리
89	레이다운용/정비	114	광학기재정비	139	탄약검사
90	네트워크운용/정비	115	감시장비정비	140	탄약처리지원
91	전술C4I운용/정비	116	전차정비	141	장비수리부속공구보급
92	정보체계운용/정비	117	K계열전차사격기재정비	142	편성보급

93	항공운항/관제	118	M계열전차정비	143	영현등록
94	공격헬기정비	119	M계열전차사격기재정비	144	지원보급
95	중형공격헬기정비	120	자주포야전정비	145	연료관리
96	대형공격헬기정비	121	K-9자주포정비	146	물자근무지원
97	기동헬기운용	122	장갑차야전정비	147	조리
98	중형헬기기체정비	123	유선장비정비	148	수송운용(차량운전)
99	대형기동헬기정비	124	기록통신장비정비	149	견인차량운전
100	기동헬기정비	125	무선장비정비	150	지게차운전

구분	특기(보직 종류)	구분	특기(보직 종류)	구분	특기(보직 종류)
151	차륜형장갑차운전	163	영상제작	175	야전건설(중졸)
152	차량부대정비	164	사진운용/정비	176	배관및기계설비(중졸)
153	K-53계열차량운전	165	일반의무	177	전기설비(중졸)
154	구난차량운전	166	수의	178	굴삭기운전(중졸)
155	크레인차량운전	167	의무보급	179	용접/기계공작(중졸)
156	전장이동통제	168	전문간호	180	조리(중졸)
157	항만운용	169	전문치과	181	차량운전(중졸)
158	선박운용	170	전문임상병리	182	견인차량운전(중졸)
159	일반행정	171	전문방사선촬영	183	물자취급장비운전(중졸)
160	군사경찰	172	전문약제	184	차량부대정비(중졸)
161	재정회계	173	전문물리치료	185	구난차량운전(중졸)

| 162 | 공보정훈 | 174 | 법무행정 | 186 | 선박운용(중졸) |

1) K계열전차승무

○ 직무개요 및 임무 : K-1 전차승무원으로서 전차를 조종하고, 전차포 사격을 실시하며 전차에 장착된 무전기 동작 및 승무원 정비를 실시

 - 각종 지형에서 K-1(A1)전차를 조종(주간,야간)

 - 전차포 사격 및 공용화기 사격

 - 전차 탄약적재 및 탄약 장전 실시

 - 전차에 장착된 통신 장비를 조작

 - 전차차체 및 포탑에 대한 승무원 정비를 실시

○ 신체사항

 - 신체등급 2급 이상('22년 2월 입영부터는 신체등급 3급 이상으로 적용)

 - 신장 164~180cm 이내('22년 2월 입영부터는 신장 157~187cm 이내로 적용)

 - 나안시력 0.2 이상('22년 2월 입영부터는 교정시력 0.8 이상으로 적용)

 - 디스크/관절장애, 운동장애, 수지결손, 수지강직, 색각

장애, 청력장애, 언어장애, 폐쇄공포증, 수전증, 2차 심
리검사 결과 등 정밀검사 대상자 제외

○ 지원자격

  - 연령 : 지원서 접수년도 기준 18세 이상 28세 이하

  - 신체등급 1~2급을 판정받은 현역입영 대상자(신체등급
    1~3급을 판정받은 현역입영 대상자 : '22년 2월 입영부터 적용)

  - 자격/면허를 소지하였거나 자격/면허 미소지한 경우는
    해당 전공학과 전문계 고교 3년이상 수료 또는 대학 1
    년재학 이상인 사람

  - 수형사유 지원제한 요건

    • 금고이상의 형(집행유예 포함)을 선고받은 사람

    • 재판중이거나 수사가 종결되지 아니한 사람

2) 야전공병

○ 직무개요 및 임무 : 전투에 필요한 도로 및 교량 구축, 장
애물 설치 및 지뢰 매설, 구조물 및 암석폭파 부교 조립,
고문교 설치

  - 도로 및 도보교의 구축과 보수, 부교의 부주 조립과 부
    주의 공기주입 및 운반작업 실시

  - 지뢰 및 부비츄랩의 매설과 제거 또는 암석의 폭파작

업 수행

- 파손된 구조물의 보수, 장애물의 설치 등 일반적인 야전공병 업무 수행

- 전투시 교량시설, 기타 구조물 폭파 및 아군의 작전 지원

- 적 및 아군부대의 병력 및 전술배치 진지 등에 관한 작전도 및 상황도 작성

- 적의 사항 및 적 시설물의 배치에 관련된 첩보 수집 업무에 있어서 정찰부대 통제

- 공병 및 기타부대에서 실시한 위장상태 확인 및 불량사항 시정

○ 신체사항 : 디스크관절이상, 운동장애, 청각장애 제외

○ 지원자격

- 연령 : 지원서 접수년도 기준 18세 이상 28세 이하

- 신체등급 1~3급을 판정받은 현역입영 대상자

- 수형사유 지원제한 요건

　• 금고이상의 형(집행유예 포함)을 선고받은 사람

　• 재판중이거나 수사가 종결되지 아니한 사람

3) 일반행정

○ 직무개요 및 임무 : PC를 활용 각종 문서를 문서규정에 맞도록 생산/보관하는 등 군 행정 업무 수행

　- 사무를 위한 PC의 원활한 조작과 각종 공문서 생산, 수정 보완 및 보관, 관리 업무 수행

　- 우편업무, 증명서 발급, 각종 명령서식 작성/각종 일반 행정 업무 수행

　- 각종 통계자료 작성 및 유지

　- 도서 업무/행정자료실 등의 업무 수행

○ 신체사항 : 신체조건 없음

○ 지원자격

　- 연령 : 지원서 접수년도 기준 18세 이상 28세 이하

　- 신체등급 1~3급을 판정받은 현역입영 대상자(4급 현역 입영 대상자 : '22년 2월 입영 접수부터 가능)

　- 자격/면허를 소지하였거나 자격/면허 미소지한 경우는 해당 전공학과 전문계고교 3년이상 수료 또는 대학 1년 이상 재학인 사람

　- 수형사유 지원제한 요건

　　· 금고이상의 형(집행유예 포함)을 선고받은 사람

　　· 재판중이거나 수사가 종결되지 아니한 사람

4) 정보체계운용/정비

○ 직무개요 및 임무 : 육군 자원관리 / M&S체계 전략제대 전장관리 정보체계 서버 장비 운용/관리 업무수행

  - 육군 자원관리/M&S, 전략 C4I체계 운용 지원 및 관리

  - 데이터베이스 관리, 자료 백업업무 수행

  - 체계 서버와 단말기간 데이터 통신 운용 및 에러 점검

  - 각종 자료의 생산/보관 업무 수행

  - 정비에 소요되는 부속품을 청구 및 관리, 관련서류 작성 유지

○ 신체사항 : 색각장애, 2차 심리검사 결과 등 정밀검사 대상자 제외

○ 지원자격

  - 연령 : 지원서 접수년도 기준 18세 이상 28세 이하

  - 신체등급 1~3급을 판정받은 현역입영 대상자(4급 현역 입영 대상자 : '22년 2월 입영 접수부터 가능)

  - 자격/면허를 소지하였거나 자격/면허 미소지한 경우는 해당 전공학과 전문계고교 3년이상 수료 또는 대학 1년 재학 이상인 사람

  - 수형사유 지원제한 요건

    • 금고이상의 형(집행유예 포함)을 선고받은 사람

・재판중이거나 수사가 종결되지 아니한 사람

5) 기동헬기정비

○ 직무개요 및 임무 : 회전익 항공기 기체 및 기관구성품 수리에 대한 정비 보조업무 수행

  - 기체판금, 수리, 용접 및 도장 정비 보조업무수행

  - 기체 구성품의 수리 및 교환 정비 보조 업무 수행

  - 헬기기관 정비 보조업무수행

  - 헬기계기 정비 보조업무수행

○ 신체사항 : 색각장애, 청각장애, 언어장애, 2차 심리검사 결과 정밀검사 대상자 제외

○ 지원자격

  - 연령 : 지원서 접수년도 기준 18세 이상 28세 이하

  - 신체등급 1~3급을 판정받은 현역입영 대상자(4급 현역 입영 대상자 : '22년 2월 입영 접수부터 가능)

  - 자격/면허를 소지하였거나 자격/면허 미소지한 경우는 해당 전공학과 전문계고교 3년이상 수료 또는 대학 1년 재학 이상인 사람

  - 수형사유 지원제한 요건

    ・금고이상의 형(집행유예 포함)을 선고받은 사람

・재판중이거나 수사가 종결되지 아니한 사람

6) 공보정훈

○ 직무개요 및 임무 : 정훈업무에 관계되는 방송 및 기재의 정비 조작과 정훈교육 자료수집, 기사 취재 정훈 보도 활동에 필요한 행정업무 수행

  - 방송을 위한 프로 및 원고작성, 방송기재의 관리, 기술적 조작과 정비 담당

  - 정훈보도에 대한 공문서의 기록유지와 자료보관

  - 각종 정훈 간행물 수령배부 및 보관 관리

  - 정훈 교육 문화 활동보도 및 대민 업무 수행

○ 신체사항 : 신체조건 없음

○ 지원자격

  - 연령 : 지원서 접수년도 기준 18세 이상 28세 이하

  - 신체등급 1~3급을 판정받은 현역입영 대상자(4급 현역 입영 대상자 : '22년 2월 입영 접수부터 가능)

  - 자격/면허를 소지하였거나 자격/면허 미소지한 경우는 해당 전공학과 전문계고교 3년이상 수료 또는 대학 1년 이상 재학인 사람

  - 수형사유 지원제한 요건

・금고이상의 형(집행유예 포함)을 선고받은 사람

・재판중이거나 수사가 종결되지 아니한 사람

7) 영상제작

○ 직무개요 및 임무 : 시청각 장비를 설치운용하며 정비
업무 수행 및 시청각 장비 운용 및 동영상 제작편집으로
정신교육 지원업무 수행

- 각종 시청각 장비를 운용 관리 및 운용

- 교육 및 보도, 역사존안용 사진 및 동영상 촬영

- 편집 프로그램을 활용한 동영상 편집 및 제작

○ 신체사항 : 신체조건 없음

○ 지원자격

- 연령 : 지원서 접수년도 기준 18세 이상 28세 이하

- 신체등급 1~3급을 판정받은 현역입영 대상자(4급 현역
입영 대상자 : '22년 2월 입영 접수부터 가능)

- 자격/면허를 소지하였거나 자격/면허 미소지한 경우는
해당 전공학과 전문계고교 3년이상 수료 또는 대학 1년
이상 재학인 사람

- 수형사유 지원제한 요건

・금고이상의 형(집행유예 포함)을 선고받은 사람

・재판중이거나 수사가 종결되지 아니한 사람

8) 재정회계

○ 직무개요 및 임무 : 군인 및 군무원의 개인급여 계약업무에 대한 자료종합 및 관리업무 수행

- 금전회계서류 작성 및 증빙서류 편철

- 예산에 관한 기록유지 및 보고서 작성

- 비용집계 부대거래 자료를 종합하고 자원거래 전표 작성 검토

- 계약업무에 관한 행정처리와 관련 증빙서류 작성

- 관리 회계 보고서의 증감사항 비교분석

○ 신체사항 : 신체조건 없음

○ 지원자격

- 연령 : 지원서 접수년도 기준 18세 이상 28세 이하

- 신체등급 1~3급을 판정받은 현역입영 대상자(4급 현역 입영 대상자 : '22년 2월 입영 접수부터 가능)

- 자격/면허를 소지하였거나 자격/면허 미소지한 경우는 해당 전공학과 대학 2년 수료 이상

- 수형사유 지원제한 요건

・금고이상의 형(집행유예 포함)을 선고받은 사람

· 재판중이거나 수사가 종결되지 아니한 사람

9) 일반의무

○ 직무개요 및 임무 : 전투지역, 병원, 기타 부대 의무시설에서 전상 및 질병환자의 응급처치 후송업무, 진료 및 예방의무 활동에 있어 의무부대 업무를 보좌하고, 기록업무 수행

- 전투지역내의 전상환자에 대한 응급처치 및 환자간호 후송업무 수행

- 환자 치료분야에서 군의관 및 간호장교 지시에 의거 환자를 처리하며 진료업무를 보좌

- 병원시설의 내과, 외과, 치과 및 사단급 이하 의무대(실) 근무

- 개인위생 및 수질검사, 식품검사, 방역활동 등의 예방의무활동 수행

- 한의과 출신자로서 침술의 활용으로 자격을 부여받은 자는 특수자격 임무를 수행

○ 신체사항 : 2차 심리검사 결과 등 정밀검사 대상자 제외

○ 지원자격

- 연령 : 지원서 접수년도 기준 18세 이상 28세 이하

- 신체등급 1~3급을 판정받은 현역입영 대상자(4급 현역
입영 대상자 : '22년 2월 입영 접수부터 가능)
- 자격/면허를 소지하였거나 자격/면허 미소지한 경우는
해당 전공학과 전문계고교 3년이상 수료 또는 대학 1학
년 재학 이상인 사람
- 수형사유 지원제한 요건
  • 금고이상의 형(집행유예 포함)을 선고받은 사람
  • 재판중이거나 수사가 종결되지 아니한 사람

10) 전문임상병리

○ 직무개요 및 임무 : 외래·응급·입원환자 및 건강검진 장
병 및 군무원에 대한 병리검사 시행
- 반혈청 검사, 기생충난 검사, 일반세균 도말검사, 화학
적 검사, 혈청검사 등 제반 검사업무를 실시
- 시험장비 및 약품을 관리하며 시험결과에 대한 각종
통계를 작성하고 기록 유지
- 각종 체액의 세포학적 검사를 위한 표본제작 및 병변
조직의 조직 표본을 제작
- 수인성, 식품매개성 질환예방을 위한 식품 및 수질검
사 보조

○ 신체사항 : 색각장애 제외, 2차 심리검사 결과 등 정밀검
　사 대상자 제외

○ 지원자격

- 연령 : 지원서 접수년도 기준 18세 이상 28세 이하

- 신체등급 1~3급을 판정받은 현역입영 대상자(4급 현역
　입영 대상자 : '22년 2월 입영 접수부터 가능)

- 임상병리사 관련 면허를 소지한 사람

- 수형사유 지원제한 요건

　• 금고이상의 형(집행유예 포함)을 선고받은 사람

　• 재판중이거나 수사가 종결되지 아니한 사람

나. 취업맞춤특기병(124개)

'취업맞춤특기병'이란?

고졸 이하 병역의무자가 군에 입영하기 전에 본인의 적성에 맞는 기술훈련을 받고 이와 연계된 분야의 기술병으로 입영하여 군복무함으로써 취업 등 안정적으로 사회 진출할 수 있는 현역병입니다.

구분	특기(보직 종류)	구분	특기(보직 종류)	구분	특기(보직 종류)
1	(맞춤)K계열전차조종	26	(맞춤)비호운용	51	(맞춤)그레이더운용
2	(맞춤)M계열전차조종	27	(맞춤)방공작전통제	52	(맞춤)롤러운용
3	(맞춤)K계열전차부대정비	28	(맞춤)휴대용유도무기운용/정비	53	(맞춤)로더운전
4	(맞춤)K계열전차포탑정비	29	(맞춤)천마운용/정비	54	(맞춤)굴삭기운용
5	(맞춤)M계열전차부대정비	30	(맞춤)발칸정비	55	(맞춤)발전기운용/정비
6	(맞춤)M계열전차포탑정비	31	(맞춤)오리콘정비	56	(맞춤)공병장비부대정비
7	(맞춤)전차통신정비	32	(맞춤)비호정비	57	(맞춤)전술통신운용/정비
8	(맞춤)장갑차조종	33	(맞춤)천마정비	58	(맞춤)무선전송장비운용/정비
9	(맞춤)장갑차부대정비	34	(맞춤)방공레이더운용/정비	59	(맞춤)전투무선장비운용/정비
10	(맞춤)K-21보병전투차량조종	35	(맞춤)전자전운용	60	(맞춤)이동통신장비운영/정비
11	(맞춤)K-21보병전투차량부대정비	36	(맞춤)감시장비운용	61	(맞춤)정보통신망장비운용/정비

12	(맞춤)견인포화포정비	37	(맞춤)야전공병	62	(맞춤)영상음향장비운용/정비
13	(맞춤)K-55자주포정비	38	(맞춤)장애물운용(E)	63	(맞춤)교환시설운용/정비
14	(맞춤)K-9자주포조종	39	(맞춤)야전건설	64	(맞춤)기록통신장비운용/정비
15	(맞춤)K-9자주포화포/장갑정비	40	(맞춤)측량	65	(맞춤)MW운용/정비
16	(맞춤)다련장운용/정비	41	(맞춤)소방장비	66	(맞춤)위성운용/정비
17	(맞춤)M/A운용/정비	42	(맞춤)배관 및 기계설비	67	(맞춤)레이다운용/정비
18	(맞춤)포병레이더	43	(맞춤)전기설비	68	(맞춤)네트워크운용/정비
19	(맞춤)포병측지	44	(맞춤)장갑전투도저운전	69	(맞춤)전술C4I운용/정비
20	(맞춤)포병탐지레이더	45	(맞춤)다목적굴착기운전	70	(맞춤)정보체계운용/정비
21	(맞춤)자동측지운용/정비	46	(맞춤)도하장비조종	71	(맞춤)공격헬기정비
22	(맞춤)현무발사대운용/정비	47	(맞춤)정수장비운용	72	(맞춤)중형공격헬기정비
23	(맞춤)현무사격통제장비운용/정비	48	(맞춤)공기압축기운용	73	(맞춤)기동헬기운용
24	(맞춤)발칸운용/정비	49	(맞춤)크레인운전	74	(맞춤)중형기동헬기정비
25	(맞춤)오리콘운용	50	(맞춤)도저운전	75	(맞춤)대형기동헬기정비

구분	특기(보직 종류)	구분	특기(보직 종류)	구분	특기(보직 종류)
76	(맞춤)헬기기체정비	93	(맞춤)M계열전차정비	110	(맞춤)의무장비정비
77	(맞춤)헬기기관정비	94	(맞춤)M계열전차사격기재정비	111	(맞춤)탄약관리

78	(맞춤)헬기계기정비	95	(맞춤)자주포야전정비	112	(맞춤)탄약검사
79	(맞춤)헬기무장정비	96	(맞춤)K-9자주포정비	113	(맞춤)장비수리부속공구보급
80	(맞춤)항공통신전자정비	97	(맞춤)장갑차정비	114	(맞춤)편성보급
81	(맞춤)화생방	98	(맞춤)유선장비정비	115	(맞춤)지원보급
82	(맞춤)연막	99	(맞춤)기록통신장비정비	116	(맞춤)유류관리
83	(맞춤)화생방제독	100	(맞춤)무선장비정비	117	(맞춤)물자근무지원
84	(맞춤)화생방정찰	101	(맞춤)다중무선장비정비	118	(맞춤)조리
85	(맞춤)로켓무기정비	102	(맞춤)레이더정비	119	(맞춤)차량부대정비
86	(맞춤)유도무기정비	103	(맞춤)전자전장비정비	120	(맞춤)크레인차량운전
87	(맞춤)총기정비	104	(맞춤)보안장비정비	121	(맞춤)항만운용
88	(맞춤)화포정비	105	(맞춤)차량정비	122	(맞춤)선박운용
89	(맞춤)광학기재정비	106	(맞춤)공병장비정비	123	(맞춤)영상제작
90	(맞춤)감시장비정비	107	(맞춤)발전기정비	124	(맞춤)사진운용/정비
91	(맞춤)전차정비	108	(맞춤)용접/기계공작		
92	(맞춤)K계열전차사격기재정비	109	(맞춤)화생방장비정비		

1) (맞춤)영상음향장비운용/정비

○ 직무개요 및 임무 : 화상회의 시스템 및 AMP 시스템 운용, 부대정비 업무수행

- 화상회의 시스템과 각종 전시장비를 운용 및 부대정비
- 야전 및 상용 AMP 설치/운용 및 부대정비
- 정비에 소요되는 부속품을 청구 및 관리, 관련서류 작성 유지

○ 신체사항 : 디스크/관절이상, 운동장애, 수전증, 색각(시각)장애, 청력이상, 언어장애, 인성검사 부적격 제외
○ 지원자격
- 연령 : 지원서 접수년도 기준 18세 이상 24세 이하
- 학력 : 중학교 졸업이상(교육부장관이 인정하는 동등학력 포함)

- 신체등급 1~3급을 판정받은 현역입영 대상자

- 관련분야 기술훈련 이수

- 수형사유 지원제한 요건

  • 금고이상의 형(집행유예 포함)을 선고받은 사람

  • 재판중이거나 수사가 종결되지 아니한 사람

2) (맞춤)화생방

○ 직무개요 및 임무 : 소규모지역에 대한 화학작용제 탐지 측정과 표본을 수집하며, 방사능 낙진예측 및 화학위험 예측업무 수행

- 소규모 지역에 대한 화학작용제를 탐지식별 보고

- 생물학작용제에 대한 표본을 수집, 후송

- 방사능을 측정하고 방호책 건의

- 유효풍 통신문 및 화학풍 통신문을 접수, 간이 낙진 예 측과 화학위험 예측 실시

- 화생방 경보 접수, 전파 및 보고

○ 신체사항 : 색각장애, 폐쇄공포증 제외

○ 지원자격

- 연령 : 지원서 접수년도 기준 18세 이상 24세 이하

- 학력 : 중학교 졸업이상(교육부장관이 인정하는 동등학력 포함)

- 신체등급 1~3급을 판정받은 현역입영 대상자

- 수형사유 지원제한 요건

    • 금고이상의 형(집행유예 포함)을 선고받은 사람

    • 재판중이거나 수사가 종결되지 아니한 사람

3) (맞춤)편성보급

○ 직무개요 및 임무 : 편성부대 보급품의 불출, 수령, 재고 관리를 하며 일반적인 행정 업무 수행

  - 보급품 청구, 수령, 저장, 불출 업무 수행

  - 보급품의 재고 통제 및 재고기록 유지

  - 보급품 관리와 이에 따른 행정업무 수행

○ 신체사항 : 디스크/관절이상, 운동장애, 수지결손, 수지 강직, 시각장애, 언어장애 제외

○ 지원자격

  - 연령 : 지원서 접수년도 기준 18세 이상 24세 이하

  - 학력 : 중학교 졸업이상(교육부장관이 인정하는 동등학력 포함)

  - 신체등급 1~3급을 판정받은 현역입영 대상자

  - 수형사유 지원제한 요건

    • 금고이상의 형(집행유예 포함)을 선고받은 사람

    • 재판중이거나 수사가 종결되지 아니한 사람

4) (맞춤)조리

○ 직무개요 및 임무 : 각종 재료를 사용하여 주식 및 부식 제조 업무 수행

- 각종 재료의 위생 및 온도에 유의하여 음식 조리
- 효과적인 조리 및 취사운용을 위한 식품 창고, 취사장, 식당의 변화, 위생 및 안전보호에 대한 검열 수행
- 주식 및 부식품 수령, 저장, 불출 및 재고조사 업무 수행
- 취사장 및 식당 내외 청결 유지

○ 신체사항 : 운동장애, 수지결손, 수지강직, 시각장애, 인성검사 부적격 제외

○ 지원자격

- 연령 : 지원서 접수년도 기준 18세 이상 28세 이하
- 학력 : 중학교 졸업이상(교육부장관이 인정하는 동등학력 포함)
- 신체등급 1~3급을 판정받은 현역입영 대상자
- 자격/면허를 소지하였거나 자격/면허 미소지한 경우는 해당 전공학과 전문계고교 3년이상 수료 또는 대학 1년 이상 재학인 사람
- 수형사유 지원제한 요건
  · 금고이상의 형(집행유예 포함)을 선고받은 사람
  · 재판중이거나 수사가 종결되지 아니한 사람

5) (맞춤)사진운용/정비

○ 직무개요 및 임무 : 각종 행사 및 부대활동에 대한 사진 촬영 및 편집, 인화

  - 행정 및 전술용 사진을 촬영,현상,인화 실시

  - 전술 및 정보용 사진, 항공사진 촬영

  - 사진촬영에 관한 제반사항 기록유지, 사진촬영 및 암실 운용에 소요되는 자재 청구 획득

○ 신체사항 : 청각장애,언어장애,인성검사 부적격 제외

○ 지원자격

  - 연령 : 지원서 접수년도 기준 18세 이상 24세 이하

- 학력 : 중학교 졸업이상(교육부장관이 인정하는 동등학력 포함)
- 신체등급 1~3급을 판정받은 현역입영 대상자
- 수형사유 지원제한 요건
  - 금고이상의 형(집행유예 포함)을 선고받은 사람
  - 재판중이거나 수사가 종결되지 아니한 사람

다. 임기제부사관(28개)

'임기제부사관'이란?

※ 병역법 일부 개정으로 유급지원병 명칭이 임기제부사관으로 변경(2020. 12. 22. 부.)

- 첨단 장비 운용 및 전투력을 발휘하는 전문인력으로 병 의무복무기간 만료 후 하사로 연장 복무하며, 하사 임용 후 일정 수준의 보수를 받으면서 군복무하는 사람입니다.
- 복무기간 : 병 의무복무기간(18개월)+연장복무(6~48개월)
- 계급 : 병 의무복무기간(이등병~병장)/연장 복무기간(하사)
- 지원자격 : 군 특성화고 졸업예정자 대상 선발(별도 민간 선발 없음)

구분	특기(보직 종류)	구분	특기(보직 종류)	구분	특기(보직 종류)
1	K계열전차승무	11	무선전송장비운용/정비	21	화포정비
2	장갑차조종	12	교환시설운용/정비	22	전차정비
3	K-55자주포조종	13	MW운용/정비	23	자주포야전정비
4	K-55자주포정비	14	위성운용/정비	24	장갑차야전정비
5	K-9자주포조종	15	네트워크운용/정비	25	무선장비정비
6	K-9자주포화포/장갑정비	16	전술C4I운용/정비	26	차량정비
7	발칸운용/정비	17	공격헬기정비	27	조리
8	전기설비	18	기동헬기운용	28	차량부대정비
9	장갑전투도저운전	19	기동헬기정비		
10	굴착기운용	20	총기정비		

1) 전기설비

○ 직무개요 및 임무 : 전등/전열, 전력 계통 및 부수장비 설치 및 점검

- 도면과 배치도를 연구하여 가설 또는 수리를 편리하게 하기 위하여 필요한 표시

- 전선을 측정 절단하여 연결설치 및 조립

- 고압/저압 계통의 배선을 관리/유지

- 전주에 부착물을 부착시키며, 도선 고정등 관리/유지

- 동력선 및 기타 장비의 고장 원인을 점검하여 장비 교환 수리
- 고장의 원인을 발견하고 고장을 예방하기 위하여 동력선 점검

○ 신체사항 : 신체 3급 이상, 문신/자해자 제외
○ 지원자격
  - 연령 : 지원서 접수년도 기준 18세 이상 25세 이하
  - 학력 : 군 특성화고 졸업예정자
  - 신체등급 1~3급을 판정받은 현역입영 대상자
  - 수형사유 지원제한 요건
    · 금고이상의 형(집행유예 포함)을 선고받은 사람
    · 재판중이거나 수사가 종결되지 아니한 사람

2) 굴착기운용

○ 직무개요 및 임무 : 각종 건설공사를 위한 굴토장비인 굴삭기를 조작하고 정비 실시
  - 굴삭기를 조정하여 흙을 굴토하고 운반차량에 적재하여 토공 작업 수행
  - 장비의 운전상태를 점검하여 장비 정비
○ 신체사항 : 신체 3급 이상, 디스크/관절이상, 문신/자해

자 제외

○ 지원자격

- 학력 : 군 특성화고 졸업예정자

- 신체등급 1~3급을 판정받은 현역입영 대상자

- 수형사유 지원제한 요건

    • 금고이상의 형(집행유예 포함)을 선고받은 사람

    • 재판중이거나 수사가 종결되지 아니한 사람

3) 전술C4I운용/정비

○ 직무개요 및 임무 : 군단급 이하제대의 C4I체계 서버 및

　단말기 운용 및 부대정비와 DB 관리 업무 수행

- 전술 C4I체계 운용 지원 및 관리

- 데이터베이스 관리, 자료 백업 업무수행

- 체계 서버와 단말기간 데이터 통신 운용
- 각종 자료의 생산/보관 업무 수행
- 정비에 소요되는 부속품을 청구 및 관리, 관련서류 작성 유지
○ 신체사항 : 신체 3급이상. 디스크/관절이상, 색각장애, 청력장애, 언어장애, 문신/자해자, 인성검사 부적격자 제외
○ 지원자격
- 학력 : 군 특성화고 졸업예정자
- 신체등급 1~3급을 판정받은 현역입영 대상자
- 수형사유 지원제한 요건
  · 금고이상의 형(집행유예 포함)을 선고받은 사람
  · 재판중이거나 수사가 종결되지 아니한 사람

4) 총기정비

○ 직무개요 및 임무 : 각종 화기를 수리 또는 재생 업무 수행
- 화기의 결합부분을 점검하고 작업명령을 검토하여 결함 사항과 수리부분 결정
- 손으로 총기를 조작하여 기능 시험
- 주기적으로 사용부대 총기를 순회점검하고 보고서

작성

○ 신체사항 : 신체 3급 이상, 문신/자해자, 인성검사 부적
격자 제외

○ 지원자격

- 연령 : 지원서 접수년도 기준 18세 이상 25세 이하

- 학력 : 군 특성화고 졸업예정자

- 신체등급 1~3급을 판정받은 현역입영 대상자

- 수형사유 지원제한 요건

  • 금고이상의 형(집행유예 포함)을 선고받은 사람

  • 재판중이거나 수사가 종결되지 아니한 사람

5) 무선장비정비

○ 직무개요 및 임무 : 무선장비에 대한 수리업무 수행

- 무선장비 기술검사와 시험으로 고장원인 탐지 및 고장
개소에 대한 부속품 교환 및 수리

- 무선장비에 관련된 시험장비 및 계기조정, 운용

- 시험장비 및 공구 예방 정비

- 수리 업무에 대한 기록을 유지하여 소요되는 부속품
청구, 획득

○ 신체사항 : 신체 3급 이상, 문신/자해자 제외

○ 지원자격

- 연령 : 지원서 접수년도 기준 18세 이상 25세 이하

- 학력 : 군 특성화고 졸업예정자

- 신체등급 1~3급을 판정받은 현역입영 대상자

- 수형사유 지원제한 요건

  · 금고이상의 형(집행유예 포함)을 선고받은 사람

  · 재판중이거나 수사가 종결되지 아니한 사람

6) 차량정비

○ 직무개요 및 임무 : 군용차량 검사, 시험, 조정, 부속 교환 및 3단계 이상 수리업무 수행

- 군용차량에 대한 검사, 시험을 통하여 고장 점검 수리

- 수리 및 재생 부분의 최종 계기시험 및 성능시험 실시

- 입고/이동정비시 부대 및 야전정비 업무를 수행

- 부대 정비병 예방정비 교육 및 기술 지도

- 정비작업에 대한 제반 보고서 작성 및 입력

○ 신체사항 : 신체 3급 이상, 디스크/관절이상, 운동장애, 문신/자해자 제외

○ 지원자격

- 연령 : 지원서 접수년도 기준 18세 이상 25세 이하

- 학력 : 군 특성화고 졸업예정자
- 신체등급 1~3급을 판정받은 현역입영 대상자
- 수형사유 지원제한 요건
  - 금고이상의 형(집행유예 포함)을 선고받은 사람
  - 재판중이거나 수사가 종결되지 아니한 사람

7) 조리

○ 직무개요 및 임무 : 각종 재료를 사용하여 주식 및 부식 제조 업무 수행
  - 각종 재료의 위생 및 온도에 유의하여 음식 조리
  - 효과적인 조리 및 취사운용을 위한 식품 창고, 취사장, 식당의 변화, 위생 및 안전보호에 대한 검열 수행
  - 주식 및 부식품 수령, 저장, 불출 및 재고조사 업무 수행
  - 취사장 및 식당 내외 청결 유지
○ 신체사항 : 신체 3급 이상, 운동장애, 수지결손, 수지강직, 색맹장애, 정신건강의학과 질환, 문신/자해자, 인성검사 부적격자 제외
○ 지원자격
  - 연령 : 지원서 접수년도 기준 18세 이상 25세 이하
  - 학력 : 군 특성화고 졸업예정자

- 신체등급 1~3급을 판정받은 현역입영 대상자
- 수형사유 지원제한 요건
  • 금고이상의 형(집행유예 포함)을 선고받은 사람
  • 재판중이거나 수사가 종결되지 아니한 사람

라. 전문특기병(36개)

'전문특기병'이란?

특수한 자격·면허, 전공 또는 경력을 필요로 하거나 설발의 전문성이 요구되어 기술행정병 중에서도 군사특기별로 별도의 지원자격이나 선발기준을 정하여 모집하는 특기병입니다.

구분	특기(보직 종류)	구분	특기(보직 종류)	구분	특기(보직 종류)
1	특공병	13	기동헬기운용병	25	회계원가비용분석병
2	JSA경비병	14	화생방시험병	26	영상콘텐츠디자이너
3	유해발굴기록병	15	방사능분석연구보조병	27	그래픽디자이너
4	의장병	16	생물학시험병	28	사진콘텐츠디자이너
5	훈련소조교병	17	대형버스운전병	29	군악병(양악)
6	특전병	18	구급차량운전병	30	군악병(국악)
7	신호정보/전자전운용	19	속기병	31	군악병(실용음악)
8	탐지분석병	20	지식재산관리병	32	유해발굴감식병

9	드론운용및정비병	21	특임군사경찰	33	기독교군종병
10	지형자료관리병	22	MC군사경찰	34	천주교군종병
11	정보보호병	23	과학수사지원병	35	불교군종병
12	S/W개발병	24	33경호병	36	군사과학기술병(23개)

○ 육군 전문특기병 일부특기 명칭 변경 안내, '21. 8. 23.

  - (변경 전) 신호정보병 → (변경 후) 신호정보/전자전운용병

  - (변경 전) 대형기동헬기정비병 → (변경 후) 기동헬기운용병

  - 적용시기 : '22년 입영('21년 10월 모집)부터

○ 육군 군악병 세부 모집특기 통합 및 선발기준 변경 안내

  - (변경 전) 목관악기, 금관악기, 타악기, 현악기, 국악, 실용음악 → (변경 후) 양악, 국악, 실용음악 / 6개 → 3개

  - 적용 시기 : '22년 입영('21년 10월 모집)부터

※ 36번 군사과학기술병(23개)에는 아래와 같이 다양한 보직이 또 있답니다.

구분	특기(보직 종류)	구분	특기(보직 종류)	구분	특기(보직 종류)
1	화학연구병	9	소프트웨어개발병	17	화력탄약체계연구병
2	생물학연구병	10	빅테이터분석병	18	기술자료분석병

3	방사능연구병	11	신소재연구병	19	드론(드론봇)연구병
4	에너지연구병	12	사이버기술연구병	20	생체의학연구병
5	첨단센서연구병	13	고기동연구병	21	작전환경분석병
6	인공지능연구병	14	군수융합연구병	22	위험예측모델링연구병
7	가상시뮬레이션연구병	15	적층가공연구병	23	화생방테러사고분석연구병
8	초연결(통신)연구병	16	유무인체계연구병		

1) 특공병

○ 직무개요 및 임무 : 특공여단에서 특수임무 수행부대에서 군복무

　- 특수임무 수행에 대한 자긍심 고취 및 특수임무 수행부대 전투력 강화

○ 신체사항 : 신체등급 1~2급자로서, 신장 168cm 이상자, 정신과 3급자 지원제한

○ 지원자격

　- 연령 : 지원서 접수년도 기준 18세 이상 28세 이하

　- 기본요건 : 다음 중 어느 하나에 해당되는 사람

　　· 병역판정검사 결과 신체등위 1~2급의 현역입영 대상자

　　· 병역판정검사를 받지 아니한 사람(18세자 포함)은 현역병지원 신체검사 결과 신체등급 1~2급인 사람

　- 수형사유 지원제한 요건

　　· 금고이상의 형(집행유예 포함)을 선고받은 사람

　　· 재판중이거나 수사가 종결되지 아니한 사람

　　· 처분미상으로 통보된 사람

2) S/W개발병

○ 직무개요 및 임무 : 컴퓨터 프로그래밍 언어 등을 활용
  한 SW 개발, 성능 등 개량 임무 수행

  - SW 관리, 자체 개발

  - SW 운용 중 보완사항에 대한 성능 개량

  - SW 재반 기록서류 작성 유지

○ 신체사항 : 수지결손, 수지강직, 청력/언어 장애, 정신과
  3급자 지원제한

○ 지원자격

  - 연령 : 지원서 접수년도 기준 18세 이상 28세 이하

  - 기본요건 : 다음 중 어느하나에 해당되는 사람

    • 병역판정검사 결과 신체등급 1~3급의 현역입영 대
      상자

    • 병역판정검사를 받지 아니한 사람(18세자 포함)은 현
      역병지원 신체검사 결과 신체등급 1~3급인 사람

  - 자격기준(아래 항목 중 한가지 이상 해당자)

    • 전산, 컴퓨터, 소프트웨어, 인터넷, 전자계산, 정보보
      호, 전기, 전자, 미디어, IT관련, 정보통신, 정보시스
      템 관련학과 전공 2년 수료 이상자

    • 기사(정보처리, 전자계산기), 산업기사(정보처리, 전자계산

기, 사무자동화), 기능사(정보처리, 전자계산기, 웹디자인), 게임프로그래밍전문가, SQLD(개발자), SW코딩자격(1~3급), COS PRO(1~3급) 취득자

- 수형사유 지원제한 요건
  - 기소유예 이상의 형을 선고받은 사람
  - 재판중이거나 수사가 종결되지 아니한 사람
  - 처분미상으로 통보된 사람

3) 화생방시험병

○ 직무개요 및 임무 : 화학 표본 수집 및 측정
○ 관련분야
  - 직접 : 화학학과
  - 간접 : 화학공학, 화학교육, 응용화학공학, 식품공학, 고분자공학, 신소재공학, 정밀화학, 공업화학, 농화학, 분자시스템공학, 환경공학
○ 신체사항 : 신체조건 없음
○ 지원자격
  - 연령 : 지원서 접수년도 기준 18세 이상 28세 이하
  - 기본요건 : 다음 중 어느하나에 해당되는 사람
    • 병역판정검사 결과 신체등급 1~3급의 현역입영 대

상자

- 병역판정검사를 받지 아니한 사람(18세자 포함)은 현역병지원 신체검사 결과 신체등급이 1~3급인 사람
- 자격기준(아래 항목 중 어느 한가지 이상 해당자)
  - 공업화학산업기사 이상, 화공기사, 화학분석기사, 화학분석기능사, 위험물관리기능사, 환경기능사, 수질환경산업기사, 폐기물환경산업기사 이상 자격 취득자
  - 화학분야 전공 2년 수료 이상자

※ 면접평가 우대 항목 : 해당분야 경력 3월 이상자

- 수형사유 지원제한 요건
  - 금고이상의 형(집행유예 포함)을 선고받은 사람
  - 재판중이거나 수사가 종결되지 아니한 사람
  - 처분미상으로 통보된 사람

4) 사진콘텐츠디자이너

○ 직무개요 및 임무 : 부대행사 사진촬영 및 편집

○ 관련분야

- 직접 : 디지털사진영상과, 디지털이미지학과, 사진예술학과, 미디어사진과 등 사진, 이미지 등 관련학과

- 간접 : 신문방송학과, 언론홍보학과 등 신문, 언론, 홍보, 방송, 미디어, 디자인 등 관련학과

○ 신체사항 : 신체조건 없음

○ 지원자격

- 연령 : 지원서 접수년도 기준 18세 이상 28세 이하

- 기본요건 : 다음 중 어느 하나에 해당되는 사람

 • 병역판정검사 결과 신체등급 1~3급의 현역입영 대상자

 • 병역판정검사를 받지 아니한 사람(18세자 포함)은 현

역병지원 신체검사 결과 신체등급이 1~3급인 사람

- 자격기준(아래 항목 중 어느 한가지 이상 해당자)

  • 사진영상과, 디지털사진과, 미디어사진과, 사진예술
    과 등 1년 수료 이상인 사람

  • 사진 분야 실무경력이 2년 이상인 사람

  • 사진 관련 특성화고등학교를 졸업한 사람

- 수형사유 지원제한 요건

  • 집행유예 이상의 형을 선고받은 사람

  • 재판중이거나 수사가 종결되지 아니한 사람

  • 처분미상으로 통보된 사람

5) 그래픽디자이너

○ 직무개요 및 임무 : 일반 이미지 자료(포스터, 팜플렛 등) 제
작 및 편집

○ 신체사항 : 신체조건 없음

○ 지원자격

- 연령 : 지원서 접수년도 기준 18세 이상 28세 이하

- 기본요건 : 다음 중 어느하나에 해당되는 사람

  • 병역판정검사 결과 신체등급 1~3급의 현역입영 대
    상자

- 병역판정검사를 받지 아니한 사람(18세자 포함)은 현역병지원 신체검사 결과 신체등급이 1~3급인 사람
- 자격기준(아래 항목 중 어느 한가지 이상 해당자)
  - 광고·멀티미디어디자인과, 디지털그래픽디자인과, 웹디자인과 등 1년 수료 이상인 사람
  - 디자인 분야 실무경력이 2년 이상인 사람
  - 디자인 관련 특성화고등학교를 졸업한 사람
- 수형사유 지원제한 요건
  - 집행유예 이상의 형을 선고받은 사람
  - 재판중이거나 수사가 종결되지 아니한 사람
  - 처분미상으로 통보된 사람

마. 어학병(8개)

'어학병'이란?

육군 소요부대(대대급 이상)에 전시 혹은 평시에 해당 어학능력이 요구되는 직위에 보직되어 복무하는 특기병입니다.

구분	특기(보직 종류)	구분	특기(보직 종류)	구분	특기(보직 종류)
1	영어어학병	4	독일어어학병	7	러시아어어학병
2	프랑스어어학병	5	일본어어학병	8	아랍어어학병

구분			
3	스페인어어학병	6	중국어어학병

바. 카투사(KATUSA: Korean Augmentation to the United States Army)

'카투사'란?

미8군에 증강된 한국군 육군 요원(한국군지원단 소속)으로 한미연합 관련 임무를 수행합니다.

구분	특기(보직 종류)
1	카투사

사. 동반입대병

'동반입대 복무제도'란?

- 가까운 친구(학교, 고향, 직장 등)나 친척(형제) 등과 함께 입영하여 함께 훈련을 받고 같은 내무 생활권단위 부대로 배치되어 전역시까지 서로 의지하며 군복무를 할 수 있는 제도입니다.
- 이 제도는 현역병 입영장정이 든든한 동반자와 함께 군생활을 함으로써 입대 후 군생활의 조기적응, 복무의

욕을 고취시켜 군의 전투력 향상에 기여하도록 병무청과 육군에서 2003년도부터 도입하여 시행하고 있는 제도입니다.

구분	특기(보직 종류)
1	동반입대병

아. 직계가족복무부대병

'직계가족복무부대병 제도'란?

직계존속·형제자매 및 외조부모가 복무한(복무중인) 부대(아래 1,3군예하 34개부대만 해당)에서 군복무를 하고자 할 때 지원입영하는 제도입니다.

- 지원가능 복무부대(지상군작전사령부 예하 34개부대)
- 아래 부대 중 1개부대만 지원할 수 있음
  - 지작사(동부) 예하부대(15개) : 7,11,12,15,21,22,23,27사단/2,3포병여단/2,3공병여단/3기갑여단/20기갑여단/102기갑여단
  - 지작사(서부) 예하부대(19개) : 1,3,5,6,8,9,25,28사단/1,5,6포병여단/1,5,6공병여단/1,2,5기갑여단/수기사/화력여단(753대대, 656대대, 751대대)

· 입영일 기준 가족이 현역간부(부사관이상)인 경우에는 현재 복무하고 있는 부대에는 지원할 수 없으며, 이전에 복무한 부대는 지원가능함

구분	특기(보직 종류)
1	직계가족복무부대병

자. 연고지복무병

'연고지복무병'이란?

아래 연고지 시·군별 입영부대 및 복무부대에 해당되는 거주자에 한해서 군복무를 하고자 할 때 지원 입영하는 제도입니다. 연고지복무병은 연고지 인근부대로 배치되므로 심리적 안정감을 주어 군생활의 조기적응이 가능할 뿐만 아니라 주변 환경에 익숙하므로 전투력 발휘에 용이한 제도입니다.

○ 연고지복무병 복무부대(강원 또는 경기일원 예전 1,3군 관할 예하 20개 부대)

- 강원(지작사 동부) 예하부대 : 7,12,15,21,22사단/102기갑여단/2,3포병여단

- 경기(지작사 서부) 예하부대 : 1,3,5,6,25,28사단/1,5,6포병여단/1,2,5기갑여단 육군

○ 연고지복무병 복무제도 개선사항 안내

  - 연고지 배치가 어려운 7개 시·군 제외 : 춘천, 홍천, 횡성, 속초, 강릉, 양주, 동두천

  - 적용시기 : '22년 1월 입영자부터('21년 10회차 모집시)

구분	특기(보직 종류)
1	연고지복무병

2. 해군

해군은 모집계열 38개(일반기술계열, 전문기술계열, 문화홍보계열, 군악계열, 특전계열, 심해잠수계열), 동반입대병, 임기제부사관, 취업맞춤특기병, 일반병이 있습니다.

가. 모집계열(38개)

구분	모집계열	특기	구분	모집계열	특기
1	건축/토목	공병	20	일반	전탐
2	건축/토목	환경관리	21	일반	통기

3	군악	군악	22	일반	동반_갑판
4	군악	유급_군악	23	일반	동반_군사경찰
5	기관	보수	24	전기	전기
6	기관	가스터빈	25	전기	유급_전자
7	기관	내연	26	전산	전산
8	기관	보일러	27	전산	유급_전산
9	수송	수송	28	전자	전자
10	수송	대형_수송	29	전자	전공
11	수송	중장비_수송	30	조리	조리
12	수송	유급_수송	31	조리	유급_조리
13	문화홍보	문화홍보	32	통신	유급_통신
14	의무	의무	33	항공	항공조작
15	일반	의장	34	항공	항공
16	일반	조타	35	화학	화생방
17	일반	병기	36	SSU	심해잠수
18	일반	보급	37	UDT	특전
19	일반	통정	38	UDT	유급_특전

○ 전문특기병(위생관리병) 신설 및 모집계획 알림(2021년 8월 입영), '21. 5. 21.

- 분야명 : 위생관리병

- 주요 임무 : 평소 갑판병 업무를 기본으로 수행하며, 이발 소요가 발생할 시에만 이발 지원
- 모집 일정 및 계획인원 : '21년 5회차(8월입영) 16명, '21년 7회차(10월입영) 16명, '21년 8회차(11월입영) 16명
○ 해군 일반계열, 동반입대병 선발배점 변경 알림, '21. 9. 13.
 1. 제도 변경사항 : 일반계열 전공학과 배점 폐지 및 선발배점 기준 조정
  - 기술자격/면허(20점 상향), 출결상황(10점 상향), 면접

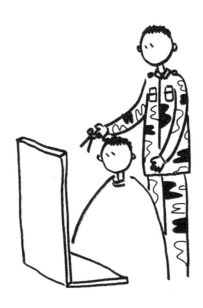

(10점 상향)

2. 적용분야 : 일반기술병, 동반입대병
   – 전문기술병은 배점기준은 변경없음
3. 적용시기 : '21년 10회차('22년 1월 입영자부터)

1) 공병

○ 직무내용 : 시설물 보수 및 유지관리 업무, 시설물의 시공업무, 건축제도(autocad) 및 각종 시설장비 등의 업무를 수행한다.

○ 분류 우선순위 학과 : 건축계열·토목계열, 공학일반계열

○ 교육기간/교육장소 : 2주, 5주 / 기술행정학교 시운학부

○ 전역후 활동분야 : 건축·토목·설비분야 각종 기사(산업기사) 및 기능사 자격증 취득, 건설업체 및 설계업무 종사

○ 비고 : 건설(건축·토목)에 관한 경험 또는 교육을 받은 자

2) 문화홍보

○ 직무내용 : 연예병은 가수, 전자기타, 전자베이스기타, 드럼, 건반, 장구, 징, 북, 꽹과리, MC, 마술, 컴퓨터디자인, 만화 VTR촬영(편집) 등의 특기를 보유한 자로서 각종 장병 위문공연 및 대내·외 군 관련 행사, 사회 불우시설

위문공연, 해군 행사 등 제반 직무를 수행한다.

○ 분류 우선순위 학과 : 분류우선순위학과 없음

○ 교육기간/교육장소 : 해군본부 정훈공보실 홍보단

○ 전역후 활동분야 : 방송 매체에서 활동 가능

○ 비고 : 연예병(기술병)으로 선발된 자

3) 통정

○ 직무내용 : 통정병은 신호정보(유·무선 통신, 음향, 전파)에 관한 참모총장이 지시하는 특수 직무를 수행한다.

○ 분류 우선순위 학과 : 통신계열, 어문계열

○ 교육기간/교육장소 : 11주 / 육군 3275부대

○ 비고 : 청각 및 손가락이 정상인 자, 성격이 치밀하고 사상이 건전한 자, 가정환경이 건전하고 편부모·독자가 아닌 자, 어학능력이 있는 자(영어, 중국어, 노어)

4) 전산

○ 직무내용 : 전산병은 함정 및 육상 부대에서 컴퓨터 관련 업무를 수행하며 주 전산기(서버)관리 보좌 및 운용, 네트웍 관리보좌 및 운용, PC(Personal Computer) 관리 보좌 및 정비, 업무 분야별 프로그램 개발 및 유지보수 업무,

정보보호체계 관리, C4I체계관리 등을 수행한다.

○ 분류 우선순위 학과 : 전산계열, 전자계열

○ 교육기간/교육장소 : 3주, 4주 / 정보통신학교 정통학부

○ 전역후 활동분야 : 정보통신, 정보보호, 전산실, IT업계
계열회사

○ 비고 : 정보보호, 정보처리, 네트워크 관련분야 종사자

5) 항공조작

○ 직무내용 : 항공조작병은 해상 기동헬기(UH-1H, UH-60P)

에 탑승하여 항공기 무장, 인명구조장비 및 기타 부수장비를 운용 및 조작한다.

○ 분류 우선순위 학과 : 항공계열, 기계계열

○ 교육기간/교육장소 : 6주 / 작전사 6전단(61/609 전술교육대)

○ 전역후 활동분야 : 항공 분야

○ 비고 : 기체정비 왕복정비, 기체정비제트과정, 제트기관 정비과정, 무기정비과정, 부속제작과정(신체적 결함이 없는 자)

6) 특전

○ 직무내용 : 특전병 과정의 교육훈련은 강인한 체력과 정신력을 배양하고 장거리 수영능력과 잠수, 폭파, 특전전술 등을 익히며, 위 과정을 수료한 자는 3주간의 기본 공수과정을 이수하게 되며, UDT, SEAL, EOD, 해상 대테러에 각각 배치되어 그에 맞는 전문기술을 습득하며, 주요 임무는 정찰감시 및 타격작전, 요인납치, 암살 및 포로구출, 해상 기뢰제거 및 해·육상 폭발물 처리, 해상에서 발생한 테러를 진압하는 등의 특수작전이다.

○ 분류 우선순위 학과 : 분류우선순위학과 없음

○ 교육기간/교육장소 : 10주 / 작전사 특전단 특수전교육

훈련대

○ 전역후 활동분야 : 경호원, 경찰/해경특공대, 119구조대, 해중작업, 스쿠버관련 8종 위험물 취급에 관련된 분야

나.동반입대병

해군 '동반입대병 제도'란?

- 가까운 친구/동료와 함께 입영하여 함께 훈련을 받고 육지 또는 섬지역의 해군부대로 함께 배치된 후 서로 의지하며 군복무를 할 수 있는 제도입니다.

- 이 제도는 현역병 입영장정이 든든한 동반자와 함께 군 생활을 함으로써 입대 후 군 생활의 조기적응, 복무의 욕을 고취시켜 군의 전투력 향상에 기여하도록 해군에서 2012년도부터 도입하여 시행하고 있는 제도입니다.

구분	특기(보직 종류)
1	동반입대병

다. 임기제부사관

해군 '임기제부사관'이란?

해군의 첨단 장비 운용 및 전투력을 발휘하는 전문인력으

로 병 의무복무기간 만료 후 하사로 연장 복무하며, 하사 임용 후 일정 수준의 보수를 받으면서 군복무하는 사람입니다.

※ 군 특성화고 졸업예정자만 모집(서울 성동공고, 서울 용산공업고, 인천 해양과학고, 제주 서귀포산업과학고, 남원 남원제일고)

- 복무기간 : 병 의무복무기간(20개월) + 연장복무기간 (6~48개월)

- 계급 : 병 의무복무 기간(이등병~병장) / 연장 복무기간 (하사)

구분	특기(보직 종류)
1	임기제부사관 모집계열 및 지원가능한 전공/기술자격 - 모집계열 : 일반, 기관, 전기, 조리, 정보통신 - 군 특성화고 전공학과에 따라 지원가능 모집계열 결정

라. 취업맞춤특기병(11개)

해군 '취업맞춤특기병'이란?

고졸 이하 병역의무자가 군에 입영하기 전에 본인의 적성에 맞는 기술훈련을 받고 이와 연계된 분야의 기술병으로 입영하여 군복무함으로써 취업 등 안정적으로 사회 진출할 수 있는 현역병입니다.

구분	특기(보직 종류)	구분	특기(보직 종류)	구분	특기(보직 종류)
1	(맞춤)항공조작	5	(맞춤)보수	9	(맞춤)전기
2	(맞춤)전산	6	(맞춤)가스터빈	10	(맞춤)공병
3	(맞춤)항공	7	(맞춤)내연	11	(맞춤)전공
4	(맞춤)통신	8	(맞춤)보일러		

1) (맞춤) 항공조작

○ 직무내용 : 항공조작병은 해상 기동헬기(UH-1H, UH-60P)
에 탑승하여 항공기 무장, 인명구조장비 및 기타 부수장
비를 운용 및 조작함

○ 분류 우선순위 학과 : 분류우선순위학과 없음

○ 교육기간/교육장소

  - 기초군사교육(4주) / 해군 교육사령부 기초군사교육단
  (경남 진해)

  - 특기병 교육(9주) / 작전사 6전단 전술교육대(전남 영암)

○ 전역후 활동분야 : 항공 분야

○ 비고 : 기체정비 왕복정비, 기체정비제트과정, 제트기관
정비과정, 무기정비과정, 부속제작과정 경험자 우대

2) (맞춤)전산

○ 직무내용 : 전산병은 함정 및 육상 부대에서 컴퓨터 관련 업무를 수행하며 주 전산기(서버)관리 보좌 및 운용, 네트웍 관리보좌 및 운용, PC(Personal Computer) 관리 보좌 및 정비, 업무 분야별 프로그램 개발 및 유지보수 업무, 정보보호체계 관리, C4I체계관리 등을 수행함

○ 분류 우선순위 학과 : 분류우선순위학과 없음

○ 교육기간/교육장소

  - 기초군사교육(4주) / 해군 교육사령부 기초군사교육단 (경남 진해)

  - 특기병 교육(4주) / 정보통신학교 정통학부(경남 진해)

○ 전역후 활동분야 : 정보통신, 정보보호, 전산실, IT업계 계열회사

○ 비고 : 정보보호, 정보처리, 네트워크 관련분야 종사 경험자 우대

3) (맞춤)항공

○ 직무내용 : 항공병은 항공정비 이론교육 및 통합사무자동화 교육을 이수 후 해군에서 보유중인 항공기(고정익, 회전익) 운영부대에서 각종 보조 업무를 수행함

○ 분류 우선순위 학과 : 분류우선순위학과 없음

○ 교육기간/교육장소

　- 기초군사교육(4주) / 해군 교육사령부 기초군사교육단

　　(경남 진해)

　- 특기병 교육(4주) / 작전사 6전단 전술교육대(전남 영암)

○ 전역후 활동분야 : 항공 정비 분야

○ 비고 : 기체정비 왕복정비, 기체정비제트과정, 제트기관

　정비과정, 무기정비과정, 부속제작과정 경험자 우대

4) (맞춤)가스터빈

○ 직무내용

　- 함정 주 추진 장비인 가스터빈 운용과 부분 정비 임무

　　수행

　- 보일러, 감속기어 및 가변 추진기, 보기 장치인 조타기,

　　함 안정기 등 운용과 부분 정비를 수행

○ 분류 우선순위 학과 : 분류우선순위학과 없음

○ 교육기간/교육장소

　- 기초군사교육(4주) / 해군 교육사령부 기초군사교육단

　　(경남 진해)

　- 특기병 교육(3주) / 기술행정학교 기관학부(경남 진해)

○ 전역후 활동분야 : 항공 분야/화력 발전소/해운업 기관/ 산업체의 자동제어 등 정비 기술자로 근무 가능함

○ 비고 : 기계(기관)취급 경험 또는 교육을 받은 자 우대

5) (맞춤)전공

○ 직무내용 : 전공병은 육상부대에서 운용하고 있는 각종 유·무선 통신망 및 장비를 운영 유지하며 전공부사관을 보좌한다.

○ 분류 우선순위 학과 : 분류우선순위학과 없음

○ 교육기간/교육장소

- 기초군사교육(4주) / 해군 교육사령부 기초군사교육단 (경남 진해)

- 특기병 교육(5주) / 정보통신학교 정보통신학부(경남 진해)

○ 전역후 활동분야 : 국정보통신업계, IT업계 및 통신전자 계열회사

○ 비고 : 청력이 정상이고 색약 및 색맹이 없는 자

마. 일반병

자격/면허, 전공 관련없이 지원가능

3. 해병

해병은 기술병, 임기제부사관, 취업맞춤특기병, 동반입대병,
직계가족복무부대병, 일반병이 있습니다.

가. 기술병(45개)

구분	특기(보직 종류)	
1	공병	전투공병
2	공병	장비공병

3	공병	시설공병
4	공병	공병
5	군악	군악
6	무기정비	자주포정비
7	무기정비	전차정비
8	무기정비	상장정비병
9	무기정비	자주포
10	무기정비	폭발물처리
11	무기정비	화생방장비
12	무기정비	상장수리병
13	무기정비	대공무기
14	무기정비	대전차무기
15	무기정비	기계공작
16	무기정비	총기수리병
17	무기정비	화포수리병
18	무기정비	전자 및 광학장비
19	무기정비	탄약관리병
20	무기정비	탄약검사/정비병
21	무기정비	전차수리병
22	수송	운전

23	수송	차량정비
24	일반	기본보병
25	일반	박격포
26	일반	대전차화기
27	일반	야포
28	일반	방공무기운용
29	일반	측지
30	일반	계산
31	일반	자주포조종
32	일반	영상정보
33	일반	전차승무
34	일반	상장승무병
35	일반	병참정비병
36	일반	보급병
37	일반	군사경찰
38	정보통신	유·무선운용
39	정보통신	체계운용
40	정보통신	통기
41	정보통신	전탐
42	정보통신	전산

43	조리	급양
44	화학	화생방
45	수색	수색

○ **해병대 일반계열(일반, 수색, 동반입대병, 직계가족복무부대병) 선발**
  배점 변경 알림('21. 9. 13.)

   1. 제도 변경사항 : 일반계열 전공학과 배점 폐지 및 선발
   배점 기준 조정

      - 기술자격/면허(20점 상향), 출결상황(10점 상향), 면접
      (10점 상향)

   2. 적용분야 : 일반기술병, 수색병, 동반입대병, 직계가족
   복무부대병

      - 전문기술병은 배점기준은 변경없음

   3. 적용시기 : '21년 10회차('22년 1월 입영자부터)

1) 전투공병

○ 임무 : 도로, 교량 및 경비행장 구축 및 보수, 장애물 설
   치/제거, 폭파, 파괴 등의 임무를 수행하며, 상륙작전시
   상륙군의 조기 군수지원을 위하여 적 해안에 비치매트
   설치 및 도로개설 등의 공병 임무 수행

○ 지원가능 전공학과 : 전공학과 제한 없음

○ 지원가능 국가기술자격증 : 기술자격 제한 없음

○ 교육기간/교육장소

  - 기초군사교육(7주) / 해병대교육훈련단(경북 포항)

  - 특기병 교육(4~8주) / 육군 공병학교(전남 장성)

○ 근무지 : 포항 / 김포 / 백령도 / 연평도 / 수원

2) 군악

○ 임무 : 군대의식, 음악회 및 각종 오락행사에 음악을 연

  주하는 군악대 및 관련 악단의 일원으로서 임무를 수행

○ 지원가능 전공학과 : 전공학과 제한 없음

○ 지원가능 국가기술자격증 : 기술자격 제한 없음

○ 교육기간/교육장소

  - 기초군사교육(7주) / 해병대교육훈련단(경북 포항)

  - 특기병 교육(4주) / 해병대사령부 군악대(경기 화성)

○ 근무지 : 수원 / 포항 / 김포

○ 비고 : 별도 실기평가 후 선발

3) 운전

○ 임무 : 각종 경차량 및 중차량의 운전 임무를 수행

○ 지원가능 전공학과 : 전공학과 제한 없음

○ 지원가능 국가기술자격증 : 1종보통 이상 운전면허

○ 교육기간/교육장소

  - 기초군사교육(7주) / 해병대교육훈련단(경북 포항)

  - 특기병 교육(4~8주) / 육군 제2수송교육단(대구)

  - K-532운전 및 중견인차량운전 / 육군 종합군수학교

  (대전 유성)

○ 근무지 : 포항 / 김포 / 백령도 / 연평도 / 수원

○ 비고 : 해당 자격증 소지자 지원 가능

4) 영상정보

○ 임무 : 신문 또는 노획한 적 서류물자를 조사 분석하여
정보를 획득하며, 항공사진 해석업무를 수행하고 각종
정보문서의 처리, 상황도 기입, 정보 보고자료 작성 및
전투서열에 관한 임무 수행

○ 지원가능 전공학과 : 전공학과 제한 없음

○ 지원가능 국가기술자격증 : 기술자격 제한 없음

○ 교육기간/교육장소

  - 기초군사교육(7주) / 해병대교육훈련단(경북 포항)

  - 특기병 교육(4~8주) / 육군 정보학교(경기도 장호원)

○ 근무지 : 포항 / 김포 / 백령도 / 연평도

5) 체계운용

○ 임무 : 무선중계 반송기 및 위성통신 등을 설치 운용하
고 정비 임무를 수행

○ 지원가능 전공학과 : 전공학과 제한 없음

○ 지원가능 국가기술자격증 : 기술자격 제한 없음

○ 교육기간/교육장소

  - 기초군사교육(7주) / 해병대교육훈련단(경북 포항)

  - 특기병 교육(4~8주) / 육군 정보통신학교(대전 유성)

○ 근무지 : 포항 / 김포 / 백령도 / 연평도 / 수원

6) 수색

○ 임무 : 상륙 작전 시 상륙해안에 대한 정찰 / 정보 획득
및 기타 특수임무 수행

○ 지원가능 전공학과 : 전공학과 제한 없음

○ 지원가능 국가기술자격증 : 기술자격 제한 없음

○ 교육기간/교육장소

  - 기초군사교육(6주) / 해병대교육훈련단(경북 포항)

  - 수색교육(기초교육 2주+전문교육 7주) 과정 / 해병대교육훈

련단 수색교육대(경북 포항)

○ 근무지 : 포항 / 김포 / 백령도

나. 임기제부사관

해병 '임기제부사관(구 유급지원병)'이란?

해병의 첨단 장비 운용 및 전투력을 발휘하는 전문인력으로 병 의무복무기간 만료 후 하사로 연장 복무하며, 하사 임용 후 일정 수준의 보수를 받으면서 군복무하는 사람입니다.

※ 군 특성화고 졸업예정자만 모집(대구 경북기계고, 경주 신라공업고, 진안 진안공업고, 임실 한국치즈과학고, 인천 부평공업고, 증평 증평공고, 논산 연무대기계공업고, 대전 대전공업고)

- 복무기간 : 병 의무복무기간(18개월) + 연장복무기간 (6~48개월)

- 계급 : 병 의무복무 기간(이등병~병장) / 연장 복무기간 (하사)

구분	특기(보직 종류)
1	임기제부사관 모집계열 및 지원가능한 전공/기술자격 - 모집계열 : 일반, 정보통신, 조리, 공병, 무기정비, 수송 - 군 특성화고 전공학과에 따라 지원가능 모집계열 결정

다. 취업맞춤특기병(23개)

해병 '취업맞춤특기병'이란?

고졸 이하 병역의무자가 군에 입영하기 전에 본인의 적성에 맞는 기술훈련을 받고 이와 연계된 분야의 기술병으로 입영하여 군복무함으로써 취업 등 안정적으로 사회 진출할 수 있는 현역병입니다.

구분	특기(보직 종류)	구분	특기(보직 종류)	구분	특기(보직 종류)
1	(맞춤)방공무기운용	11	(맞춤)전차/장갑차정비	21	(맞춤)전산
2	(맞춤)측지	12	(맞춤)자주포정비병	22	(맞춤)보급관리
3	(맞춤)자주포조종	13	(맞춤)탄약관리	23	(맞춤)차량정비
4	(맞춤)장비공병	14	(맞춤)화학장비정비		
5	(맞춤)시설공병	15	(맞춤)전자/광학장비정비		
6	(맞춤)전차승무	16	(맞춤)대공무기정비		
7	(맞춤)전차정비	17	(맞춤)유무선운용		
8	(맞춤)총포정비	18	(맞춤)체계정비		
9	(맞춤)대전차무기정비	19	(맞춤)통기		
10	(맞춤)기계공작	20	(맞춤)전탐		

1) (맞춤)시설공병

○ 임무

- 오수처리 시설 및 정화조, 토양오염 방지시설, 폐기물 처리 등 환경시설과 관련된 임무수행
- 전기동력 및 부수장비를 설치/검사하며 발전기 및 동력장비에 대한 정비 및 수리업무
- 목조구조물과 각종 목재제품 제작, 각종 시설물 건설 영선업무 수행

○ 지원가능 전공학과 : 제한없음

○ 지원가능 국가기술자격증 : 제한없음

○ 교육기간/교육장소
- 기초군사교육(7주) / 해병대교육훈련단(경북 포항)
- 특기병 교육(4~8주) / 육군 포병학교(전남 장성)

○ 근무지 : 포항 / 김포 / 백령도 / 연평도 / 수원

2) (맞춤)전자/광학장비정비

○ 임무 : 감시용 열상장비, 휴대용 적외선 감시장비, 화포 조준경 등 전자/정밀장비 정비임무 수행

○ 지원가능 전공학과 : 제한없음

○ 지원가능 국가기술자격증 : 제한없음

○ 교육기간/교육장소
- 기초군사교육(7주) / 해병대교육훈련단(경북 포항)

- 특기병 교육(4~8주) / 육군 종합군수학교(대전 유성)

○ 근무지 : 포항 / 김포 / 백령도 / 연평도

3) (맞춤)화학장비정비

○ 임무 : 화학전에 운용되는 방독면, 화생방 정찰차 등 화
  학장비 정비임무 수행

○ 지원가능 전공학과 : 제한없음

○ 지원가능 국가기술자격증 : 제한없음

○ 교육기간/교육장소

  - 기초군사교육(7주) / 해병대교육훈련단(경북 포항)

  - 특기병 교육(4~8주) / 육군 종합군수학교(대전 유성)

○ 근무지 : 포항 / 김포 / 백령도 / 연평도 / 수원

4) (맞춤)전산

○ 임무 : 전산기 및 주변장치를 운용하며, 정비/수리 및 분
  야별 전산소프트웨어를 관리/유지하는 임무 수행

○ 지원가능 전공학과 : 제한없음

○ 지원가능 국가기술자격증 : 제한없음

○ 교육기간/교육장소

  - 기초군사교육(7주) / 해병대교육훈련단(경북 포항)

    - 특기병 교육(4~8주) / 해군 정보통신학교(경남 진해)

○ 근무지 : 포항 / 김포 / 백령도 / 연평도 / 수원

5) (맞춤)차량정비

○ 임무 : 각종 경차량 및 중차량의 수리 검사임무 수행

○ 지원가능 전공학과 : 제한없음

○ 지원가능 국가기술자격증 : 자동차 정비 자격증

○ 교육기간/교육장소

    - 기초군사교육(7주) / 해병대교육훈련단(경북 포항)

    - 특기병 교육(4~8주) / 육군 종합군수학교(대전 유성)

○ 근무지 : 포항 / 김포 / 백령도 / 연평도 / 수원

라. 동반입대병

'동반입대병'이란?

친구/동료와 함께 입영하여 함께 훈련을 받고 육지 또는 섬 지역의 해병대 군 부대로 함께 배치된 후 서로 의지하며 군복무를 할 수 있는 제도입니다.

이 제도는 현역병 입영장정이 든든한 동반자와 함께 군생활을 함으로써 입대 후 군 생활의 조기적응, 복무 의욕을 고취시켜 군의 전투력 향상에 기여하도록 해병대에서 2021년도부터 시행한 제도입니다.

구분	특기(보직 종류)
1	동반입대병

마. 직계가족복무부대병

해병 '직계가족복무부대병' 제도란?

직계존속·형제자매 및 외조부모가 복무한(복무중인) 부대에서 군복무를 하고자 할 때 지원 입영하는 제도입니다.

※ 현역간부(장교, 부사관) 자녀는 지원이 제한됩니다.

- 복무부대 : 1사단, 2사단, 6여단, 9여단, 연평부대

구분	특기(보직 종류)
1	직계가족복무부대병

바. 일반병

자격/면허, 전공 관련없이 지원가능

4. 공군

공군은 기술병/전문특기병, 임기제부사관, 취업맞춤특기병, 일반병이 있습니다.

가. 기술병(48개)

구분		특기(보직 종류)
1	화생방	화생방
2	차량운전	차량운전
3	차량정비	차량정비
4	의장	의장병
5	일반	운항관제

6	일반	항공통제
7	일반	대공포운용
8	일반	단거리 유도무기 운용
9	일반	중거리 유도무기 발사운용
10	일반	중거리 유도무기 추적운용
11	일반	장거리 유도무기 발사운용
12	일반	장거리 유도무기 추적운용
13	일반	기상관측
14	일반	장비물자보급
15	일반	유류보급
16	일반	조리
17	일반	항공운수
18	일반	소방
19	일반	재정
20	일반	인사교육
21	일반	항공 정보운영
22	일반	특수정보
23	일반	군사경찰
24	전자계산	정보체계 관리
25	전자계산	암호취급

26	의무	항공의무
27	기계	항공기 지상장비정비
28	기계	항공기 기체정비
29	기계	항공기 기관정비
30	기계	항공기 제작정비
31	기계	기계설비
32	기계	항공기 초과저지
33	차량운전	특수 차량운전
34	차량운전	방공포 차량운전
35	차량운전	공병장비운전
36	차량운전	경장갑차 운전
37	통신전자전기	지상레이더체계정비
38	통신전자전기	무선통신체계정비
39	통신전자전기	전술항공통신체계정비
40	통신전자전기	유선통신체계정비
41	통신전자전기	항공전자 장비정비
42	통신전자전기	항공기유압전기정비
43	통신전자전기	항공기 무기정비
44	통신전자전기	항공 탄약정비
45	통신전자전기	방공 유도무기 정비

46	통신전자전기	전력설비
47	공병	토목건축
48	공병	환경

나. 전문특기병(20개)

구분	특기(보직 종류)	
1	전문	의장병
2	전문	군악병
3	전문	정보보호병
4	전문	특수임무군사경찰
5	전문	군견관리병
6	전문	정훈병
7	전문	콘텐츠제작병
8	전문	영어어학병
9	전문	군종병(기독교)
10	전문	군종병(천주교)
11	전문	군종병(불교)
12	전문	식별보조병
13	전문	전문자격의무병
14	전문	웹디자인병

15	전문	비파괴검사병
16	전문	우주기상 분석병
17	전문	운항관리병
18	전문	재무회계병
19	전문	드론전문병
20	전문	조리병

○ 공군 병 일반직종 선발배점 변경 알림, '21. 9. 13.

  1. 제도 변경사항 : 일반직종 전공학과 배점 폐지 및 선발 배점 기준 조정

    - 기술자격/면허(20점 상향), 출결상황(10점 상향), 면접 (10점 상향)

  2. 적용분야 : 일반기술병(일반직종)

    - 전문기술병 배점기준은 변경없음

  3. 적용시기 : '21년 10회차('22년 1월 입영자부터)

1) 운항관제

○ 임무 : 지상 및 공중에서 기동중인 항공기간 충돌방지, 항공기와 장애물간 충돌방지 등 항공기의 안전운항을 보장하고 원활한 교통흐름을 유지하는 업무 보조(비행정보업무) 역할 수행

○ 자격조건

  - 연령 : 지원서 접수년도 기준 18세 이상 28세 이하

  - 학력 : 학력폐지

  - 신체요건 : 신체등위 1~4급의 현역병 입영 대상자

  - 자격증/전공/경력과 상관없이 지원 가능

○ 지원부터 배치까지

지원 → 1차선발자 발표 → 신체검사, 면접 → 최종선발자 발표 → 입영(공군교육사) → 기초군사훈련 → (특기교육)부대 배치

2) 인사교육

○ 임무 : 공군장병의 인사, 근무, 복지, 행정, 정훈, 교육행정업무 등을 보조하는 역할 담당

  - 인사기록업무 지원, 문서작성/편집 지원, 체송 및 군사우편 업무 지원, 기타 각종 행정관련 업무 지원

○ 자격조건

  - 연령 : 지원서 접수년도 기준 18세 이상 28세 이하

  - 학력 : 중학교 졸업이상자 또는 이와 동등 이상의 학력

소지자

- 신체요건 : 신체등위 1~4급의 현역병 입영 대상자

- 자격증/전공/경력과 상관없이 지원 가능

○ 지원부터 배치까지

지원 → 1차합격자 발표 → 신체검사, 면접 → 최종합격자

발표 → 입영(공군교육사) → 기초군사훈련 → (특기교육)부대

배치

3) 항공의무

○ 임무 : 장병 및 군무원에게 진료보조, 신체검사 등 최적

의 의료 서비스를 제공함으로써 최상의 전투력 보존에

기여하는 임무 수행

○ 자격조건

- 연령 : 지원서 접수년도 기준 18세 이상 28세 이하

- 학력 : 중학교 졸업이상자 또는 이와 동등 이상의 학력

소지자

- 신체요건 : 신체등위 1~4급의 현역병 입영 대상자

- 관련 자격/면허 취득자, 전공자

○ 지원부터 배치까지

지원 → 1차합격자 발표 → 신체검사, 면접 → 최종합격자

발표 → 입영(공군교육사) → 기초군사훈련 → (특기교육)부대
배치

4) 군사경찰

○ 임무 : 군사경찰은 군기의 상징이며, 장병 및 장병 가족
을 범죄로부터 보호하고 군 전력을 보호하는 임무 수행

- 군기단속 및 군기교육대 운영, 범죄예방/수사 및 군무
이탈자 체포 활동, 영창 관리 및 수용자 교정 교화, 경
호·경비 및 각종 행사 지원, 군견 관리 및 운용, 출입문
통제 및 기지 내·외곽 경계 등

○ 자격조건

- 연령 : 지원서 접수년도 기준 18세 이상 28세 이하

- 학력 : 중학교 졸업이상자 또는 이와 동등 이상의 학력
소지자

- 신체요건 : 신체등위 1~4급의 현역병 입영 대상자, 색
각 검사결과 이상이 없는 자

- 자격증/전공/경력과 상관없이 지원 가능

○ 지원부터 배치까지

지원 → 1차합격자 발표 → 신체검사, 면접 → 최종합격자
발표 → 입영(공군교육사) → 기초군사훈련 → (특기교육)부대

배치

5) 항공기 제작정비

○ 임무 : 비행단 제작정비사로 항공기 야전 정비급 수리, 개조, 방부관리, 부대제작 및 부대 정비급 검사 및 수리 등 업무 수행

○ 자격조건

　- 연령 : 지원서 접수년도 기준 18세 이상 28세 이하

　- 학력 : 중학교 졸업이상자 또는 이와 동등 이상의 학력 소지자

　- 신체요건 : 신체등위 1~4급의 현역병 입영 대상자

　- 관련 자격/면허 취득자, 전공자

○ 지원부터 배치까지

　지원 → 1차합격자 발표 → 신체검사, 면접 → 최종합격자 발표 → 입영(공군교육사) → 기초군사훈련 → (특기교육)부대 배치

6) 환경

○ 임무 : 오·폐수처리시설 운영 및 관리, 폐기물 관리 및 처리, 재활용품 관리 및 처리, 자연환경보전활동 수행, 토

양오염관리

○ 자격조건

- 연령 : 지원서 접수년도 기준 18세 이상 28세 이하

- 학력 : 중학교 졸업이상자 또는 이와 동등 이상의 학력 소지자

- 신체요건 : 신체등위 1~4급의 현역병 입영 대상자

- 자격·면허, 전공과 상관없이 지원 가능

○ 지원부터 배치까지

지원 → 1차합격자 발표 → 신체검사, 면접 → 최종합격자 발표 → 입영(공군교육사) → 기초군사훈련 → (특기교육)부대 배치

※ 다음 자격에 대한 기술경력을 인정하며, 복무 중 자격증 취득이 가능하도록 교육 및 시험응시 지원(공조냉동기계산업기사/기능사, 보일러산업기사/취급기능사, 위험물관리산업기사/기능사, 화학분석기능사, 환경기능사)

다. 임기제부사관

공군 '임기제 부사관'이란?

※ 병역법 일부 개정('20.12.22.부)으로 유급지원병 명칭이 임기제부사관으로 변경

공군의 첨단 장비 운용 및 전투력을 발휘하는 전문인력으로
병 의무복무기간 만료 후 하사로 연장 복무하며, 하사 임용 후
일정 수준의 보수를 받으면서 군복무하는 사람입니다.

- 복무기간 : 병 의무복무(21개월) + 연장복무(6~48개월)
- 계급 : 병 의무복무 기간(이등병~병장) / 연장 복무기간(하사)

구분	특기(보직 종류)
1	기관기체/전자/조리 특성화고 졸업자 선발(민간선발 없음)

라. 취업맞춤특기병(20개)

공군 '취업맞춤특기병'이란?

고졸 이하 병역의무자가 군에 입영하기 전에 본인의 적성에
맞는 기술훈련을 받고 이와 연계된 분야의 기술병으로 입영하
여 군복무함으로써 취업 등 안정적으로 사회 진출할 수 있는 현
역병입니다.

구분	특기(보직 종류)	구분	특기(보직 종류)	구분	특기(보직 종류)
1	(맞춤)차량정비	8	(맞춤)항공설비	15	(맞춤)항공기 유압전기 정비
2	(맞춤)정보체계관리	9	(맞춤)항공기 초과저지	16	(맞춤)항공탄약정비

3	(맞춤)암호취급	10	(맞춤)지상통제 레이더 체계정비	17	(맞춤)방공유도무기 정비
4	(맞춤)항공기 지상장비 정비	11	(맞춤)무선정비	18	(맞춤)전력운영
5	(맞춤)항공기 기체정비	12	(맞춤)전술항공 통신정비	19	(맞춤)토건
6	(맞춤)항공기 기관정비	13	(맞춤)유선정비	20	(맞춤)환경
7	(맞춤)항공기 제작정비	14	(맞춤)항공전자 장비정비		

1) (맞춤)차량정비

○ 임무 : 차량장비의 기능점검, 고장탐구 및 수리 등의 임무 수행과 보조업무 담당

○ 자격조건

　- 연령 : 지원서 접수년도 기준 18세 이상 24세 이하

　- 학력 : 고등학교 졸업이하자 또는 이와 동등한 학력소지 자(대학 중퇴자 포함)

　- 신체요건 : 신체등위 1~3급의 현역입영 대상자, 색각 검 사결과 이상이 없는 자

　- 지원제한 요건 : 징역 또는 금고의 형(집행유예 포함)을 선고 받은 사람, 재판중이거나 수사가 종결되지 아니한 사람

○ 우선 특기부여 대상

　- 기관, 새시, 전기 계통에 적용되는 각각의 기계적 원리에

관한 지식과 기술 도서의 사용 및 판독 지식을 습득한 사람

- 장비 및 공구 사용 경험이 있는 사람

2) (맞춤)항공기 기체정비

○ 임무 : 항공기 운영에 가장 핵심이 되는 특기로서 항공기 비

행전·후 점검, 각종 지상취급 및 연료보급, 오일보급 등을

담당하며 항공기의 안전 운영을 위한 각종 기능 점검의 임

무 수행(부대 일선정비 요원, 부대 검사중대 요원, 야전 정비중대 요원)

○ 자격조건

- 연령 : 지원서 접수년도 기준 18세 이상 24세 이하

- 학력 : 고졸이하자 또는 이와 동등한 학력소지자(대학 중

퇴자 포함)

- 신체요건 : 신체등위 1~3급의 현역입영 대상자, 색각 검

사결과 이상이 없는 자

- 지원제한 요건 : 징역 또는 금고의 형(집행유예 포함)을 선고

받은 사람, 재판중이거나 수사가 종결되지 아니한 사람

○ 우선 특기부여 대상

- 각종 기계조작 및 공구 사용 경험이 있는 사람 우선 특기

부여

3) (맞춤)항공설비

○ 임무 : 주요 항공작전 시설물의 냉·난방/항온·항습장비 운영 및 유지보수, 시설물 내·외 냉난방설비 운영 및 유지보수, 옥내·외 급수설비 및 지하심정 운영 및 유지보수, 작전시설 및 지원시설물의 전·평시 피해복구 임무, 활주로 및 가로수 방제 업무

○ 자격조건

- 연령 : 지원서 접수년도 기준 18세 이상 24세 이하

- 학력 : 고등학교 졸업이하자 또는 이와 동등한 학력소지자(대학 중퇴자 포함)

- 신체요건 : 신체등위 1~3급의 현역입영 대상자, 색각 검사결과 이상이 없는 자

- 지원제한 요건 : 징역 또는 금고의 형(집행유예 포함)을 선고받은 사람, 재판중이거나 수사가 종결되지 아니한 사람

○ 우선 특기부여 대상

- 특기부여 시 다음의 자격에 대한 기술경력을 인정하며, 복무 중 자격증 취득이 가능하도록 교육 및 시험응시 지원(기계조립/판금제관산업기사, 위험물관리산업기사/기능사, 선반/밀링/연삭/판금기능사, 전자계산기산업기사/기능사, 용접산업기사, 열처리기능사, 전기/가스/특수용접기능사, 전기공사산업기사, 배관기능사,

전기기능사, 공조냉동기계산업기사/기능사, 환경기능사, 보일러산업기사/취급기능사)

4) (맞춤)전술항공 통신정비

○ 임무 : 전술항공통제 임무 수행에 필요한 위치측정기(GPS)를 운용, 야전에서 공지통신장비를 작동하기 위해 발전기를 운용

○ 자격조건

- 연령 : 지원서 접수년도 기준 18세 이상 24세 이하

- 학력 : 고등학교 졸업이하자 또는 이와 동등한 학력소지자(대학 중퇴자 포함)

- 신체요건

· 신체등위 1~3급의 현역입영 대상자

· 색각 검사결과 이상이 없는 자

- 지원제한 요건

· 징역 또는 금고의 형(집행유예 포함)을 선고받은 사람

· 재판중이거나 수사가 종결되지 아니한 사람

○ 우선 특기부여 대상

- 전기전자 기초, 전산 기초, 컴퓨터네트워크 기초, 정보통신 정비관리 및 탑재차량 운전 등의 기본 지식을 습득한

사람, 통신·전자분야 자격증 소지 또는 기초지식을 습득한 사람

5) (맞춤)전력운영

○ 임무 : 활주로 시설조명 운영 및 유지보수, 전기시설물의 안전점검 및 감독, 전기시설물의 유지보수 및 관리, 비상전력(발전기) 운영 및 유지보수, 전기설비의 운영 종사자의 안전관리 교육

○ 자격조건

  - 연령 : 지원서 접수년도 기준 18세 이상 24세 이하

  - 학력 : 고등학교 졸업이하자 또는 이와 동등한 학력소지자(대학 중퇴자 포함)

  - 신체요건

    · 신체등위 1~3급의 현역입영 대상자

    · 색각 검사결과 이상이 없는 자

  - 지원제한 요건

    · 징역 또는 금고의 형(집행유예 포함)을 선고받은 사람

    · 재판중이거나 수사가 종결되지 아니한 사람

○ 우선 특기부여 대상

  - 특기부여 시 다음 자격에 대한 기술경력을 인정하며, 복

무 중 자격증 취득이 가능하도록 교육 및 시험응시 지원

(공조냉동기계산업기사/기능사, 전기공사산업기사, 위험물관리산업기

사/기능사, 열처리기능사, 전자계산기산업기사/기능사, 전기기능사)

마. 일반병

자격증 또는 전공과 관련없이 누구나 지원가능

 - 방공포/조리/군사경찰 특기 선택시 가점부여(일반 직종만 적용)

⑦
맺음말

많은 사람들이 저에게 질문을 합니다. 군입대 컨설팅이 뭘까요? 지금까지 살면서 한 번도 들어본 적이 없는데요? 이런 질문을 받으면 참 신기하다는 생각을 했습니다. 우리나라에 절반이 남자이고 군대를 다녀오신 분들이 많은데 아직까지 군대에 대한 정보가 이렇게까지 없을 수 있을까? 대부분의 부모님과 자녀들은 병무청에서 입영통지서를 보내주면 입대를 하면 된다는 생각을 합니다. 그러다 보니 군대도 부모님의 입영방법에 따라서 대물림되고 있습니다. 가난만 대물림되는 것이 아니라 군대도 대물림이 되고 있는 것입니다. 예로 아버지가 카투사를 갔다 왔으면 아들은 카투사에 대한 정보가 많습니다. 그래서 사전에 준비를 해서 카투사나 육·해·공 어학병으로 입대를 하지만 아버지가 일반병으로 전방에서 근무를 하고 전역을 했으면 아들도 똑같이 전방에서 근무를 하고 오는 경우가 대부분입니다.

저는 군대를 대한민국에서 제일 큰 기업이라고 생각합니다. 군대에는 차, 탱크, 배, 비행기, 컴퓨터 등 없는 것이 없습니다. 그만큼 보직도 많고 배울 수 있는 직종도 많지요. 그런데 누군가는 학교에서 배운 것을 군대에서 경험을 쌓는 스펙의 장소로 이용을 하고, 또 누군가는 평생 군대 이야기를 하면 치를 떠는 장소로 기억을 합니다.

군대는 어느 집단보다 폐쇄된 공간에서 생활을 하다 보니 대한민국에서 군대를 다녀온 아버지들도 자신이 복무한 부대 외에는 전혀 정보가 없습니다. 그래서 자녀에게 조언보다는 당연히 나이가 되면 그냥 가면 된다고들 말합니다. 어머니들은 군대에 대한 경험도 없고 정보도 없어 아버지의 말을 믿고 그냥 자녀에게 맡겨두는 경우가 많습니다. 자녀 입장에서는 고등학교까지 수능공부를 하고 대학을 가서는 군대라는 말만 들어도 싫기 때문에 별로 관심이 없습니다. 이러다 보니 군대를 본인과 전혀 적성에 맞지 않는 곳으로 배치를 받게 되어 적응을 하지 못하고 중간에 사고를 치는 경우를 종종 보곤 했습니다.

군입대 컨설팅은 좋은 보직을 돈을 주고 가는 것이 아니라 자신이 잘하는 분야를 본인이 직접 자격을 갖추어서 시험을 볼 수 있도록 준비과정을 돕는 것입니다. 군대에서 내가 잘하는 분야에서 경험을 쌓으면 군대 전역 후에 취업을 할 때 훨씬 도움이 되겠지요. 대기업에 인턴으로 들어가기 위해 시험을 보고 면접을 준비해서 6개월에서 1년 경험을 쌓듯이, 군대는 입대를 하면 최소 18개월은 한 분야에서 경험을 쌓을 수 있습니다.

아직도 군대는 시간이 되면 아무데나 가는 그런 곳으로 보인다면 이제 생각을 바꿔야 할 때가 왔습니다. 여러분들의 자녀가 군대에서 전혀 적성에 맞지 않는 보직을 받고 힘들어하며 지내기를 원하시나요? 군입대도 본인이 선택해서 가면 아무래도 즐겁지 않을까요? 20대 초반 중요한 시기에 자신과 맞는 곳으로 입대를 한다면 인생이 달라질 수 있습니다.

저는 군입대를 앞둔 아들이 있어서 군입대 컨설팅이 더욱 필요하다는 것을 알게 되었습니다. 군인 출신인 저도 모르는 게 많아 여러 자료들을 아이와 함께 찾으며 이 고민 저 고민을 했는데, 일반 부모님들은 오죽하실까 싶었습니다. 부모의 무지는 자식의 기회를 박탈하는 결과를 가지고 옵니다.

여러분, 군입대 컨설팅은 입대를 앞둔 자녀분들에게 꼭 필요한 상담입니다. 미리 설계를 하고 준비하는 사람만이 자신이 원하는 보직으로 들어갈 확률이 훨씬 높습니다. 입대를 앞두고 상담을 받는 것은 별로 크게 도움이 안 됩니다. 그냥 지금까지의 자력으로 원하지 않는 대학에 들어가는 것과 다르지 않습니다. 최소 군입대를 고려하는 1년여 전에는 여러 방향으로 알아보시기를 바라며, 혼자 힘으로 어렵다면 저를 찾아오시면 됩니다. 자녀의 특성이 맞는 본인의 진로에 군대 보직을 상담을 통해 같이 생각하고, 고민하고, 적합한 특기를 미리 준비할 수 있도록 도움을 드리겠습니다.

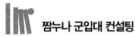 **짬누나 군입대 컨설팅**

초판 4쇄 펴낸날 2022년 3월 20일 ‖ 지은이 권지영
펴낸곳 굿인포메이션 ‖ 출판등록 1999년 9월 1일 제1-2411호
펴낸이 정혜옥 ‖ 편집 연유나, 이은정 ‖ 영업 최문섭
사무실 04779 서울시 성동구 뚝섬로 1나길 5(헤이그라운드) 7층
사서함 06779 서울시 서초구 동산로 19 서울 서초우체국 5호
전화 02)929-8153 ‖ 팩스 02)929-8164 ‖ E-mail goodinfozuzu@hanmail.net
ISBN 979-11-91995-01-5 03320

■ 잘못된 책은 본사나 구입하신 서점에서 바꾸어 드립니다.

굿인포메이션(스쿨존, 스쿨존에듀)은 작가들의 투고를 기다립니다.
책 출간에 대한 문의는 이메일 goodinfozuzu@hanmail.net으로 보내주세요.